SECRETOS

PARA DOMINAR TU

MENTALIDAD

**Toma el Control
de Tu Carrera en
Redes de Mercadeo**

KEITH Y TOM "BIG AL" SCHREITER

Publicado por Fortune Network Publishing

PO Box 890084
Houston, TX 77289 Estados Unidos
Teléfono: +1 (281) 280-9800

BigAlBooks.com

ISBN-13: 978-1-956171-03-7

CONTENIDOS

PREFACIO

Conferencista motivacional gritando: "¡Tienes que cambiar tu mentalidad!"

Nosotros: "Suena bien, ¿pero qué significa eso en la vida real? Exactamente, ¿qué es la mentalidad? ¿Cómo se controla? ¿De dónde sacamos nuestra mentalidad en primer lugar?"

Conferencista motivacional gritando: "¡No piensen! ¡Dejen de ser unos perdedores! ¡Sean como yo!"

Claro, esto no es de mucha ayuda. ¿Cómo podemos cambiar nuestra forma de pensar y la de los miembros de nuestro equipo, si no conocemos las bases de la mentalidad humana?

La mentalidad suena importante. Desafortunadamente, pasamos nuestros años en la escuela estudiando geometría e historia. Desearíamos poder regresar en el tiempo para cambiar nuestras materias, pero todavía no existen los portales para viajar en el tiempo.

¿Algunos ejemplos de mentalidad?

- Mentalidad ganadora.
- Mentalidad de éxito.
- Mentalidad de líder.
- Mentalidad de servicio.

Suenan geniales. ¿Pero qué significan? ¿Cómo afectan nuestras vidas? Y, ¿podemos cambiarlas?

Primero aprenderemos sobre mentalidades, y después abriremos nuestra caja de herramientas de habilidades para cambiar formas de penar. Sí, hay cosas específicas que podemos hacer para cambiar nuestra mentalidad.

Vamos a divertirnos usando las herramientas.

Viajo por el mundo más de 240 días al año.
Envíame un correo si quisieras que hiciera
un taller "en vivo" en tu área.

→ BigAlSeminars.com ←

LO ÚNICO QUE PODEMOS HACER AHORA... PARA HACER UNA DIFERENCIA INMEDIATA.

El bebé de un año de mi amigo se tambaleaba como si fuera un ebrio con espasmos musculares, como si estuviera caminando sobre canicas. Chocaba, se caía, algunas vueltas y remolinos vertiginosos seguidos de una caída espectacular. Su bebé se levantaba y repetía la secuencia de caída.

¡PUM! De cara. Oh, eso tuvo que doler.

Su bebé se levantó. Lo intentó de nuevo. Colisión de cabeza contra la esquina de un mueble. Era doloroso de ver.

La psicóloga Carol Dweck diría, "Este bebé tiene la Mentalidad #1: una mentalidad de crecimiento."

Los bebés se caen bastante. Consideran el fracaso como una "experiencia de aprendizaje." Para ellos, el fracaso sólo significa que hay una razón para seguir aprendiendo. Es la oportunidad de descubrir algo nuevo como:

- Aprender a comer con tenedor sin sacarse un ojo.
- Bajar las escaleras usando los pies en lugar de la cabeza.

- Mirar en la misma dirección en la que caminan (le tomó a mi nieta tres años dominar eso).
- Cómo llegar al siguiente nivel de un videojuego.

De cierta manera, los niños pequeños abrazan el fracaso por que saben que se harán mejores conforme aprenden cosas. La vida es un gran rompecabezas. Están aprendiendo dónde se coloca una pieza a la vez. Si la pieza del rompecabezas no funciona, no gritan, "¡Soy un fracasado!" Simplemente tratan de encontrar el lugar correcto para esa pieza en el rompecabezas.

¿Pero qué ocurre cuando cumplimos 18?

La mayoría de los adolescentes abren su cabeza, vierten un camión de cemento, y dejan de aprender. Ellos "ya lo saben todo" y desarrollan una mentalidad fija. Su forma de pensar es quien son. Ellos piensan que sus personalidades y sus vidas están establecidas.

Si cometen errores después de los 18, sienten que esos errores son un ataque personal contra su imagen. Los errores dejan de ser una experiencia de aprendizaje. Los errores son humillaciones personales que los hacen quedar como estúpidos. Cualquier fracaso en un juicio contra su carácter. Auch.

¿Qué hay de los consejos de los demás?

Las personas con una mentalidad fija perciben los consejos como crítica. Eligen creer que los demás no están tratando de ayudar. Piensan que los demás están burlándose de ellos mientras señalan sus fracasos.

¿Qué hay de nosotros como empresarios de redes de mercadeo? Nuestros fracasos tempranos duelen. Nos sentimos juzgados y avergonzados con cada prospecto que nos rechaza. Tratamos de evitar el rechazo a cualquier precio.

Dos mentalidades.

#1. Una mentalidad de crecimiento. Cada fracaso es una lección para aprender y crecer.

#2. Una mentalidad fija. Cada fracaso es un juicio personal y nos desmoraliza.

La mentalidad que elegimos puede determinar nuestro éxito en redes de mercadeo. Así es, podemos elegir.

Si elegimos una mentalidad fija, cada rechazo nos avergüenza. No queremos que nadie nos vea ser rechazados. Esto nos obliga a detener nuestras actividades de prospección, y dedicarnos a algo seguro, como ver televisión.

Si elegimos una mentalidad de crecimiento, cada rechazo es una experiencia de aprendizaje. Buscamos cómo ajustar nuestro enfoque para mejorar con cada encuentro. Esto se siente como si estuviésemos haciendo experimentos para encontrar las mejores maneras de llegar al éxito.

¿Cuál es la mentalidad que queremos para nosotros y nuestro equipo?

Una mentalidad de crecimiento, por supuesto. Esa es la parte fácil. Cualquiera puede desear una mentalidad de crecimiento para los miembros de su equipo, ¿pero cómo hacemos que eso suceda?

Esto tomará algo de trabajo y habilidades especiales. Pero antes de invertir nuestro tiempo y energía aprendiendo las habilidades especiales, preguntémonos, "¿Vale la pena?"

¡Claro!

Muchos equipos están compuestos por 10% de miembros activos, ¡y 90% de miembros inactivos!

¿Qué pasó? El 90% renunció debido a su mentalidad fija. Nadie les mostró cómo cambiar su mentalidad fija a una mentalidad de crecimiento.

La mayoría de la educación formal nos enseña a memorizar hechos. No nos enseñan los diferentes tipos de mentalidad que podemos usar para crear éxito. Ahora es nuestra oportunidad para cambiar conscientemente nuestra mentalidad para tener éxito.

¿Cuál es la mentalidad predeterminada?

Desafortunadamente para la mayoría de nosotros, no es buena. Tendemos a tener un punto de vista negativo. ¿Por qué?

- Nuestros programas de supervivencia nos dicen que tengamos cuidado y seamos pesimistas.
- Fijamos metas bajas para no decepcionarnos.
- Nuestras opiniones y experiencias negativas en la vida pueden ser abrumadoras.

¿Cuáles son algunos síntomas de un problema de mentalidad?

Aquí hay algunos:

- Morosidad.
- Falta de motivación.
- Frustración.
- Ingresos bajos.
- Nadie trabaja en el equipo.
- Actitudes negativas.
- Rendirse.

¿Vemos algunos de estos síntomas en nuestros grupos?

Si vemos estos síntomas, podríamos pensar, "Vaya. Mira el éxito potencial que podría lograr al ayudar a los miembros del equipo con sus mentalidades negativas. Esta es una genial oportunidad para ayudar a los miembros de mi equipo a crecer."

Vamos a comenzar.

"HABLEMOS PRIMERO CON TU MEJOR AMIGO."

Mi nuevo distribuidor, Ted, rápidamente respondió, "No, él no estará interesado. A él no le gustan estas cosas."

Ted no quería dejar que su mejor amigo decidiera. Ted tomó la decisión de su amigo por sí mismo.

Yo: "Bueno, tienes muchos amigos en el trabajo. ¿Con quién sería bueno hablar primero?"

Ted: "No puedo hacer eso. No me permiten hablar con nadie en el trabajo."

Yo: "Puesto que has vivido en el mismo vecindario por más de 20 años, estoy seguro de que tienes muchas amistades."

Ted: "No, no realmente. En este vecindario no les agradan los vendedores."

Yo: "Me dijiste que tenías más de 2,000 contactos en tu teléfono. Tal vez deberíamos de hablar con uno de ellos primero."

Ted: "No me siento cómodo contactando a mis contactos del teléfono."

Yo: "¿Qué tal con todos tus contactos en redes sociales?"

Ted: "Las redes sociales son para hacer interacciones sociales, no para hacer negocios."

Yo: "Tal vez podamos comenzar con personas nuevas. Puedo ir contigo y podemos conocer personas nuevas juntos."

Ted: "Soy un introvertido. Conocer personas nuevas es demasiado incómodo."

¿Qué es una mentalidad?

Es un conjunto de actitudes que tenemos sobre la vida.

Toma nota de que el verbo "tenemos" está en presente. Ahora mismo. El día de hoy.

"Es un conjunto de actitudes que tenemos sobre la vida."

Así es como pensamos hoy mismo. Las buenas noticias son que podemos cambiar nuestras actitudes y mentalidades en un instante. ¡No hace falta esperar! Y nuestras actitudes y mentalidad quedan… ¡en el pasado! Adiós. En el olvido.

Mi actitud acerca del chocolate es que es uno de los cuatro grupos básicos de alimentos. Sí, tengo una mentalidad muy positiva acerca del chocolate.

Tenemos actitudes acerca de todo. Actitudes acerca de ir de compras, deportes, crimen, automóviles, jefes arrogantes, trabajadores sociales, e incluso, sobre la comida.

¿Pero qué es una actitud? Podemos describir la actitud como nuestra dirección de viaje. Es la manera en la que nos mostramos. Es nuestro punto de vista.

La actitud es muy similar a una vela en un velero. No podemos cambiar el viento. Sin embargo, podemos cambiar la dirección de nuestro velero al ajustar la vela.

Esa es una manera amable de decir, "No podemos cambiar los eventos que ocurren a nuestro alrededor. Sin embargo, podemos cambiar cómo reaccionamos ante ellos."

Agrega a eso todas nuestras actitudes preconcebidas, y terminamos con la mentalidad que tenemos.

¿Qué clase de mentalidad heredamos?

Pocas personas tienen el privilegio de recibir una mentalidad exitosa de sus padres. Muchos padres no quieren que sus hijos sufran decepciones. Nos dicen que tengamos cuidado, que seamos escépticos, y que mantengamos bajas expectativas de la vida.

Y se pone peor.

Después, agrega miles de impresiones sobre nuestra mente de parte de profesores, parientes y amigos que nos dicen que no podemos hacer algo. Es difícil luchar contra esta sobrecarga de negatividad. Y si somos como la mayoría de las personas, ni siquiera sabemos que esto nos está sucediendo. Le llamamos a esto "la vida."

Hace falta tiempo para colocar impresiones positivas dentro de nuestras mentes para contrarrestar toda esta negatividad. Tenemos mucho trabajo por hacer. Nuestra carrera en redes de mercadeo requiere una mentalidad positiva para lograr el éxito que deseamos. Los prospectos responden positivamente cuando tenemos expectativas de éxito.

¿Qué hay de la mentalidad de líderes potenciales?

En nuestra serie de libros sobre el liderazgo, hablamos sobre una prueba. Cualquiera puede decirnos, "¡Quiero ser líder!" Eso no cuesta nada y es fácil de decir. Pero, ¿qué nos enseñaron nuestras madres? Ellas solían decir, "No creas lo que la gente dice, observa lo que hacen."

Entonces, ¿cómo determinamos la mentalidad de nuestros líderes potenciales? Les damos la prueba del liderazgo. Les decimos, "Aquí tienes un libro para leer. Vamos a vernos en tres días para discutirlo."

¿Qué es lo que hacen los candidatos con mentalidad fija? Nos dicen que leerán el libro, pero eso no sucede. Tienen demasiadas excusas de por qué no pudieron encontrar el tiempo en su agenda. Dicen, "Se atravesó el fin de semana y estuve ocupado. Era entre semana y estuve ocupado. Demasiadas cosas surgieron."

Los candidatos con mentalidad de crecimiento también están de acuerdo en leer el libro. La diferencia es que ellos, de hecho, leyeron el libro. Tres días después quieren discutirlo.

Ahora, nota que ambos grupos de candidatos carecen de habilidades de liderazgo. Ellos apenas están comenzando con sus carreras. Pero los candidatos con mentalidad de crecimiento buscan ansiosos aprender nuevas habilidades.

¿La lección para nosotros?

No juzgues a los candidatos a líderes basándote en sus habilidades actuales. En lugar de eso, observa su mentalidad. Si tienen mentalidad de crecimiento, querremos invertir más de nuestro tiempo limitado con ellos.

SEAMOS PRÁCTICOS.

Cambios pequeños en la mentalidad pueden crear nuevos avances.

No tenemos que cambiar toda nuestra mentalidad de una sola vez. Comencemos en pequeño. Si hacemos que el cambio o el trabajo sea abrumador, querremos renunciar a causa de la frustración.

Atajo de mentalidad:

Cambiar lo que buscamos.

Nos decimos a nosotros mismos, "Saldré para buscar algunos prospectos." Esta manera de pensar refleja nuestras intenciones de buscar a alguien a quién venderle o patrocinar. Estamos pensando en nosotros, y no en el prospecto. Esta mentalidad podría ocasionar que tengamos prejuicios sobre los prospectos. No podemos encontrar los prospectos correctos para afiliar. Los miramos y pensamos de inmediato:

- "No se ven motivados."
- "Esas personas lucen como que me rechazarán."
- "Estas personas ganan mucho dinero."
- "No sé cómo podría acercarme con ellos."
- "¿Qué le podría decir a esa persona para que se inscriba?"

Nuestra mentalidad es, "Quiero encontrar a alguien con quien sea fácil hablar."

Ahora, probemos con esta mentalidad. Nuestra nueva mentalidad será, "Saldré a buscar personas que puedo ayudar."

Con esta nueva manera de pensar, vemos más oportunidades de conversar con más personas. No estamos tratando de venderles, sino que estamos tratando de ayudarles. Esto nos da coraje. Pocas personas nos rechazan si buscamos cómo ayudarles.

Después podemos decidir darle a nuestros prospectos la opción de nuestra oportunidad, que podría cambiar sus vidas.

Los prospectos reaccionan ante nosotros. Ellos ven nuestra intención de ayudarlos. Abren su mente están menos resistentes a las ventas. Ahora podemos hablar con más personas.

Este simple cambio en nuestra mentalidad resuelve nuestro problema de prospección de por vida. Ahora vemos prospectos donde sea. ¿Listo para otra opción de mentalidad?

Atajo de mentalidad:

Opciones vs. presentaciones.

La palabra "opciones." ¡Qué alivio!

¿Qué es lo que la palabra "presentación" significa para los prospectos?

Los prospectos piensan, "¡Vendedor a la vista! ¡Corre, corre! ¡Esconde la billetera! ¡Esconde el bolso! No le creas nada. Ponte escéptico. Busca algo malo para que tengas municiones contra su presión en el cierre. Sí, empieza a buscar 'razones de por qué no' para protegerte."

¿Pero qué es lo que la palabra "opciones" significa para los prospectos?

Los prospectos piensan, "Está bien si hacemos esto o no. Nadie me presionará. Es totalmente mi decisión. Me gustan las opciones. Y la única manera en la que las opciones me pueden ayudar es si busco una manera de que funcionen. Buscaré 'razones de por qué sí' funciona para poder sacar ventaja de las opciones."

Cuando cambiamos nuestra mentalidad de "presentaciones" a "opciones," los prospectos reaccionan positivamente. Les estamos dando una opción. No más rechazo. Esto nos libera de mucha presión.

¿Pero qué le ocurre a nuestra forma de pensar cuando hacemos este cambio? Sin más rechazo, nos sentimos más valientes. En lugar de prejuzgar prospectos y temerle al rechazo, con gusto les mostramos nuevas opciones a nuestros prospectos. Ellos podrán tomar ventaja de la opción, o no. Esa es su decisión.

¿Cómo sonará el enfoque de "presentación" en la vida real?

Nosotros: "Quiero darte una presentación."

Prospectos: "Hmmm. No tengo tiempo. No es para mí. No estoy interesado. Odio a los vendedores."

Ahora, probemos con el enfoque de las "opciones":

Nosotros: "Déjame mostrarte una opción con la que podrías beneficiarte."

Prospectos: "Genial. Cuéntamelo todo."

Esto es bastante fácil de hacer. Removemos nuestros objetivos personales. Nuestro "aliento de comisionista" se desvanece. Le permitimos a los prospectos elegir si quieren sacar ventaja de nuestra opción o no. Ellos serán quienes lo juzguen. Ellos conocen sus vidas mucho mejor que nosotros.

¿Cómo nos sentimos ahora con esta mentalidad? ¡Geniales! No más rechazo. No más sentimientos de culpa. No más prejuzgar y retener opciones a los prospectos.

Y finalmente, ¿cuánto cuesta cambiar esta mentalidad?

Cero.

Todos pueden incluir esto dentro de su presupuesto.

EL SECRETO DE LA MENTALIDAD DEL CHOCOLATE QUE LOS PROFESIONALES CONOCEN.

No tenemos que depender de nuestra fortaleza mental para construir una mentalidad de éxito. Tenemos ayuda.

Aquí hay algunas maneras para que nuestra mente libere endorfinas, una hormona para sentirnos bien que nos ayuda a estar positivos.

- Ejercicio.
- Ver un buen drama en televisión.
- Meditación.
- Chocolate oscuro.

Ahora, no sé tú, pero luce como que tenemos una opción:

Opción #1: Ejercicio.

Opción #2: Chocolate oscuro.

¡Decidido!

La próxima vez que alguien nos vea comiendo chocolate oscuro (y eso debería ser a menudo), recordémosle que sólo lo estamos haciendo para mejorar nuestra mentalidad positiva. Lo estamos haciendo por la endorfinas.

El desarrollo personal puede ser tan divertido.

¿Podemos medir nuestro éxito con este nuevo hábito? Sí, dos maneras rápidas para medir la efectividad de esta técnica son:

#1: Revisar nuestra mentalidad cada mañana y mantener un registro.

#2. Revisar si ganamos peso gracias al chocolate oscuro.

¿Qué hay de la música?

La música alegre es genial. Es difícil sentirnos deprimidos mientras escuchamos nuestra música favorita. Un genial momento para comenzar a escuchar es temprano por la mañana. Esto nos ayuda a elevar nuestro estado de ánimo y mentalidad por el resto del día. Si nos encanta la música, entonces hagamos que nuestra música trabaje para nosotros.

¿Qué hay de libros de inspiración?

Por supuesto. Cualquier cosa que nos levante funciona.

Podemos controlar lo que ponemos en nuestras mentes. No somos víctimas pasivas. Los libros de inspiración nos ayudan a soñar más grande y ver un futuro más brillante.

¿Las redes sociales?

Si tenemos una adicción a las redes sociales, veamos por lo menos algo que nos eleve. Si los videos de gatos nos hacen sentir bien, ¿por qué no ver algunos?

No tenemos que concentrarnos en publicaciones negativas sobre política. Pasar por alto la negatividad es fácil.

¿Más trucos para cambiar nuestra mentalidad?

Ah, tenemos varios más. Hay muchos trucos de mentalidad que podemos agregar a nuestra caja de herramientas. Pero primero, demos un vistazo más profundo a los efectos de nuestra mentalidad.

POR QUÉ NUESTRO AMIGO LUCHA.

Aquí está la conversación:

Amigo: "La lluvia arruinó mi sala de nuevo."

Nosotros: "¿Qué pasó?"

Amigo: "Mi techo tiene goteras, así que cada vez que llueve, el agua arruina mi sala."

Nosotros: "¿Cada vez que llueve?"

Amigo: "Sí, cada vez que llueve, mi techo gotea y arruina mi sala."

Nosotros: "¿No es la misma historia que me contaste la última vez que llovió?"

Amigo: "Sí."

Nosotros: "¿Y no es la misma historia que me contaste la temporada de lluvias del año pasado?"

Amigo: "Sí."

Nosotros: "Entonces, ¿por qué no arreglas el techo en lugar de quejarte?"

Amigo: "Ahora no. Tal vez en el futuro. ¿Te dije cuánto me va a costar reemplazar los muebles?"

Nosotros: "¿Te estás escuchando? ¿Por qué no lo arreglas ahora?"

Amigo: "No, ahora no. Puedo vivir con eso por un rato más. Mientras tanto, seguiré reemplazando los muebles de la sala."

¿Cuál es nuestra reacción ante esta conversación?

Pensamos que nuestro amigo está loco, que es disfuncional, y que es incapaz de ver lo obvio. Su mentalidad está por defecto en un estatus de víctima. Nuestro amigo decide no cambiar su punto de vista ni sus acciones.

Aquí está la conversación del día siguiente con nuestro amigo.

Amigo: "Trabajé duro este mes pero mi equipo no lo hizo."

Nosotros: "¿Qué pasó?"

Amigo: "Puse el ejemplo de trabajo duro, llamé a los miembros de mi equipo, y nadie hizo nada. Esos perdedores tienen una mentalidad negativa."

Nosotros: "¿No te estabas quejando de esto el mes pasado?"

Amigo: "Sí. Me quejé de esto el mes pasado."

Nosotros: "¿Y no te has quejado de esto todos los meses de este año?"

Amigo: "Sí. Te cuento esta misma historia al final de cada mes."

Nosotros: "Entonces, ¿por qué no aprendes a cambiar la mentalidad de tu equipo?"

Amigo: "Estúpido equipo. Hmmm, tengo la esperanza de que mi equipo cambie de mentalidad este mes."

Nosotros: "¿No tenías la esperanza de que tu equipo cambiara su mentalidad el mes pasado?"

Amigo: "Sí."

Nosotros: "Parece que tus esperanzas no están funcionando. ¿Por qué no aprendes cómo cambiar la mentalidad de tu equipo?"

Amigo: "Bueno, este mes tengo la esperanza de que mi equipo sí cambiará su mentalidad."

Nosotros: <Suspiro.>

¿Cuál es nuestra reacción a esta conversación? La misma que la conversación previa. Pensamos:

- "¿Por qué nuestro amigo no se escucha hablar?"
- "¿Por qué nuestro amigo no toma acción?"
- "¿Qué evita que las personas cambien?"

¿La respuesta?

En ocasiones nos involucramos tanto en el presente, que fallamos al cambiar nuestra mentalidad al "modo acción."

Es fácil ver la mentalidad fija en los demás.

Aquí está una pregunta obvia.

¿Qué hay de nosotros? ¿Tenemos una mentalidad fija en diferentes áreas de nuestra vida? ¿Pensamos que siempre tenemos la razón y no necesitamos considerar un cambio?

Demos un vistazo a cómo una mentalidad fija nos puede impedir llegar al éxito.

MI PESADILLA CON
"EL COCHE DEL AÑO DE 1971."

Verano de 1971.

Era el momento de un coche nuevo. Hora de investigar.

- El Coche del Año según Road Test Magazine.
- El show anual de autos.
- Especificaciones de fabricantes.
- Estilo deportivo.

Todo apuntaba a un nuevo Plymouth Satellite 1971, en rojo brillante.

Como toda personalidad verde, investigo a profundidad y siempre trato de tomar las mejores decisiones… pero eso no ocurrió esta ocasión.

Me encantaba el auto cuando lo conducía. Pero, la transmisión seguía fallando. Necesitaba un nuevo alternador cada año. La batería moría cada pocos meses. La dirección hidráulica era sólo un rumor. Alineación, rodamientos, suspensión… una total pesadilla.

Finalmente, mi patrocinador me dijo, "¿Por qué no te deshaces de tu coche? Siempre está descompuesto."

Mi respuesta, "Es muy caro comprar un coche nuevo ahora. Seguiré reparando mi auto."

Y luego dijo, "Puedes vivir con este problema con tu coche si quieres. Pero, ¿cuánto dinero te está costando NO tener un coche que funcione?"

¡PUM!

Y para aumentar a mi vergüenza, agregó, "¿Eres un hablador o un tipo de acción?" Auch. Otro golpe bajo a mi mentalidad de procrastinación.

Tenía la esperanza de que mi problema de auto se resolviera por sí solo. No lo hizo.

El problema con mi auto me puso en desventaja para construir mi equipo y estaba perdiendo una fortuna en comisiones. Necesitaba vender mi desastre mecánico, invertir en un coche nuevo, y dejar de desear que mi coche milagrosamente se reparara solo.

Ahora, adivina, ¿qué fue lo que hice?

Nada.

Continué con la esperanza de que estaba a una reparación de un coche confiable. Mis cheques se desplomaron. Mi grupo comenzó a estancarse.

Estaba actuando como humano.

Finalmente, contuve a las amibas come-cerebro dentro de mi cráneo. Tomé el valiente paso de resolver mi problema.

Cambié a una nueva… ¡camioneta Chevy Impala 1976! No tenía tanto estilo, pero mi negocio explotó. No me perdí más citas. Pude respaldar a mis líderes en crecimiento.

Los humanos posponen el resolver sus problemas.

¿Qué tipos de problemas hacen que pongamos "la cabeza en la arena" para esperar que se resuelvan por sí solos?

¿No puedes pensar en ningún problema que estés posponiendo? Pídele a un amigo que señale estos problemas. Ellos nos escuchan quejándonos todo el tiempo.

Cuando cambiamos nuestra mentalidad sobre nuestro negocio y nuestros problemas personales, las soluciones aparecen.

¿Tenemos un problema de mentalidad en nuestro negocio?

- ¿Un problema con la motivación?
- ¿Un problema con la mentalidad de nuestro equipo?
- ¿Un problema de no saber cómo resolver problemas de mentalidad?

Por supuesto que tendremos problemas de mentalidad. Somos humanos.

Pero las preguntas reales son:

1. ¿Tomaremos acción para resolver estos problemas de mentalidad?

2. ¿Seguiremos suprimiendo nuestro negocio al rechazar tomar acción para resolver estos problemas de mentalidad?

¿Y bien?

Bueno. Vamos a resolver estos problemas de mentalidad. No hay necesidad de crear soluciones para nuestra mentalidad a menos que estemos comprometidos a tomar acción.

Ahora, esto suena un poco injusto, debido a que la mayoría de nosotros no sabemos cómo solucionar problemas de mentalidad. Tomamos clases de geometría e historia en la escuela, no Mentalidad Básica.

Si no sabemos cómo solucionar problemas de mentalidad, no significa que no deberíamos de intentarlo. Podemos aprender... si decidimos aprender.

¿Ahora es un buen momento para comenzar a cambiar nuestra mentalidad, o mejorar la mentalidad de nuestro grupo?

¿O estamos contentos con cómo van las cosas?

¿Qué pasaría si pudiésemos cambiar nuestra forma de pensar y la de nuestro equipo?

Pensemos en ello por un momento.

¿Ahora es nuestro momento?

Si lo es, aquí están las buenas noticias. No tenemos que ser genios de mentalidad. Todo lo que tenemos que hacer es dar un pequeño paso hacia adelante.

¿Cuál sería un paso fácil que podríamos tomar en la dirección de mejorar nuestra mentalidad?

Aquí tenemos algunas ideas.

1. ¿Cuál es nuestro pensamiento más negativo el día de hoy? Luego, preguntémonos, "¿Qué sería lo opuesto a ese pensamiento negativo?" Por lo menos nos damos cuenta de que hay otra manera de pensar sobre este pensamiento negativo.

2. Decidir leer dos páginas de un libro que nos inspire cada mañana para ayudarnos a desarrollar una mejor mentalidad para el resto del día. Colocar el libro frente a la cafetera y decirnos, "Leeré dos páginas mientras se prepara mi café."

3. Cambiar nuestra alarma por una canción animada que nos fascina.

4. Antes de juzgar a la primera persona que encontremos hoy, prometernos, "Tendré empatía con esta persona, y trataré de entender el punto de vista de esta persona."

No tenemos que ser psicólogos profesionales para comenzar a modificar nuestra mentalidad personal.

Podemos comenzar ahora.

CÓMO CONTROLAR EL RESULTADO.

Yo solía competir en carreras de veleros. No, no los grandes que ves en televisión, sino los pequeños biplaza que los amateurs pueden rentar por unos pocos dólares firmando un perdón de muerte. No hacen falta instrucciones

Perdón firmado. Un rápido empujón lejos del muelle. Y en los próximos cinco segundos la vela me había tirado al lago. Mismo proceso, de vuelta al lago.

Podía escuchar a las madres en la orilla gritarle a sus hijos, "¡Tápate los ojos!"

Eventualmente aprendí a mantenerme sobre el velero y competir contra mis amigos igual de incompetentes.

Ahora, el viento sólo sopla en una dirección a la vez. Pero, ¿vemos a los veleros apilados en una esquina del lago? No. ¿Por qué?

Porque cuando movemos la vela ligeramente, podemos hacer que nuestro bote vaya en una dirección diferente. Aquí está la regla:

"No podemos cambiar el viento, pero podemos cambiar la dirección de nuestra vela."

Es lo mismo con nuestra mentalidad.

"No podemos cambiar el evento, pero podemos cambiar nuestra mentalidad y actitud."

No somos víctimas de los eventos en nuestras vidas.

Imagina dos rivales de fútbol jugando en un partido. Al terminar el partido, un equipo gana.

Los fans del equipo ganador van a casa, beben cerveza, cantan y celebran.

Los fans del equipo perdedor, van a casa, beben cerveza, maldicen y se compadecen.

Nota que sólo hubo un partido. Pero hubo dos reacciones diferentes a ese partido. Algunos fans eligen ser felices, algunos fans eligen estar tristes.

Como podemos ver, el juego no determina nuestra felicidad. Es nuestra reacción al juego lo que determina la felicidad.

Los eventos ocurren. Nuestra mentalidad es lo que determina lo que ocurre después.

La mayoría de las personas se ven a sí mismas como víctimas. Tienen mentalidades fijas. Si algo ocurre, arrojan los brazos al aire y dicen, "No puedo hacer nada acerca de esto. No puedo controlar mi forma de pensar."

Este tipo de mentalidad limita sus oportunidades. No pueden crecer con una mentalidad fija.

Toda su estrategia consiste en buscar a alguien o algo a quien culpar. Nunca es su culpa. Son víctimas profesionales.

¿Conoces a alguien así? ¿Vemos esa mentalidad fija con los nuevos miembros de nuestro equipo? Por supuesto que la vemos.

Ahora, aquí está la pregunta.

¿Continuamos siendo víctimas de las mentalidades fijas de los miembros de nuestro equipo, o tomamos la decisión de aprender cómo cambiar su forma de pensar?

Fin de la historia.

Sí, en este punto tomamos una decisión. ¿Qué es lo que haremos?

Luce como si fuese nuestra decisión aprender cómo cambiar la mentalidad de los miembros de nuestro equipo.

Los nuevos miembros de nuestro equipo no están conscientes de que pueden elegir su manera de pensar. No saben que tienen una opción, ellos no saben qué acción tomar. Aquí es donde nosotros entramos como patrocinadores grandiosos.

Los nuevos miembros de nuestro equipo entrarán en dos grupos:

Grupo #1: Mentalidad fija. Cada evento determinará su futuro. No tomarán la responsabilidad personal por su éxito. En lugar de eso, encontrarán nuevas e innovadoras maneras de culpar eventos, otras personas, y así, incluso a nosotros. Tienen sus velas en posición fija. Son víctimas permanentes de las circunstancias externas.

Grupo #2: Mentalidad de crecimiento. Le enseñamos a estos nuevos miembros del equipo que nuestro futuro no depende de los eventos que encontramos, sino de cómo pensamos y actuamos en reacción a estos eventos. Estos nuevos miembros del equipo ven los fracasos como lecciones para aprender. No se desaniman. Cada situación, buena o mala, los mueve más cerca a sus metas.

No podemos asumir que los nuevos miembros tienen la experiencia de años de desarrollo personal. No saben qué tanto su mentalidad moldeará su futuro. En lugar de eso, ellos simplemente existen, en espera de eventos externos ante los cuales reaccionar.

¿Quieres pruebas?

¿Qué tan rápido los nuevos miembros del equipo se vuelven inactivos y se desvanecen si no somos proactivos y cambiamos su mentalidad?

Se desvanecen rápidamente. ¿Por qué?

Los nuevos miembros enfrentan retos y problemas inmediatamente. Ellos interpretan estos retos y problemas como, "Este negocio no funciona." Y ese es el final de la conversación en sus mentes.

Como patrocinadores y líderes, podemos prolongar esta conversación. Podemos ayudarlos a cambiar sus mentalidades por defecto.

NUESTRA CONFIGURACIÓN POR DEFECTO ES NEGATIVA.

¿Alguna vez nos hemos sentido un poco negativos? ¡Es normal!

El cerebro es un órgano de supervivencia. Su trabajo número uno es mantenernos con vida. Y si estamos leyendo esto ahora, nuestros cerebros lo han hecho muy bien hasta este punto. Estamos vivos.

Nuestros cerebros buscan riesgos que pongan en peligro nuestra supervivencia, piensan, "Ten cuidado. Ve si algo puede salir mal."

Tener una mente negativa puede ser bueno, especialmente en situaciones peligrosas. Prestamos atención a las cosas malas, e ignoramos muchas cosas buenas.

Tener pensamientos negativos es humano, pero no nos identifiquemos a nosotros mismos como personas negativas. Podemos redefinir esto al decir, "Soy una persona positiva, buscando crecer. Y sí, mi cerebro me protege con pensamientos negativos, pero yo puedo decidir el curso de acción que desee tomar."

La naturaleza nos programa con formas de pensar negativas, pero podemos tomar un esfuerzo consciente para ser positivos.

Podemos entrenar al cerebro para tener la mentalidad que decidamos, podemos quedarnos con una mentalidad fija, o cambiarla a una mentalidad de crecimiento que sea positiva y optimista. Tenemos el poder de decisión.

Piensa en las personas con una mentalidad fija, o negativa. Ellos creen que sus puntos de vista son la verdad, y que nada puede cambiar. ¿Algunos ejemplos?

- La tierra es plana.
- Los vendedores son terribles.
- Mi equipo deportivo favorito es el mejor.
- La salud proviene de los medicamentos.
- Esta marca de ropa es basura.
- Mi partido político nunca se equivoca.
- Los problemas están por todas partes.
- La gente joven tiene miedo a trabajar.

Cuando tenemos una mentalidad fija, vemos todo a través una óptica particular. Ignoramos cualquier dato que contradiga nuestros puntos de vista, no importa qué tan objetivo sea.

Vemos mentalidades y creencias fijas en la vida real al observar personas cuando hablan y actúan. Aquí hay algunos ejemplos:

- "No puedo apartar 10 minutos por día para mi desarrollo personal."
- "Ohhh. Puedo pasar toda la noche viendo esta serie."

◇◇◇

- "¿Un libro sobre fijar metas para mi vida cuesta $15?"
- "¡Necesito pedir una pizza a domicilio ya!"

◇◇◇

- "¿$100 dólares para comenzar mi propio negocio? ¡Están locos!"
- "¡Genial! Puedo actualizar mi teléfono móvil por sólo $800 + mi brazo derecho."

◇◇◇

- "Ha, ha. ¿Vitaminas de $60? ¡Claro que no!"
- "¿Cena, película y snacks por $100? No hay problema."

◇◇◇

- "$50 por un curso en línea para aprender mejores habilidades? Demasiado."
- "Me fascinan esas gafas de diseñador de $200. Ohhh, ¡tienen brazaletes que combinan!"

Las personas anuncian su mentalidad. Observar es muy fácil.

¿Pero podemos cambiar las mentalidades de otros?

Buena pregunta. ¿Nuestra respuesta dependería de nuestra forma de pensar? Demos un vistazo.

Hay un viejo chiste:

P. ¿Cuántos psicólogos hacen falta para cambiar un foco?

R. Uno. Pero el foco tiene que querer cambiar.

Por supuesto que este chiste implica que no podemos cambiar la mentalidad de las otras personas. Sin embargo, ¿qué tal si tomamos la mentalidad opuesta.

Hay otro viejo chiste:

P. ¿Cómo diferencias a los psiquiatras y a los pacientes en un hospital psiquiátrico?

R. Los pacientes mejoran y se van.

Entonces, sí. Podemos cambiar la mentalidad de las otras personas. Tenemos un juego de herramientas completo para hacer esto en la segunda mitad de este libro.

Vamos a preguntarnos a nosotros mismos, "¿Cuánto nos cuesta cambiar nuestra mentalidad?·

Nada.

Podemos cambiar nuestras vidas gratis.

MALAS COSAS OCURREN.

En 1974, estaba paleando nieve para sacar mi auto de una tormenta de nieve de casi dos metros en Minnesota. La nieve llegaba más arriba que mi cabeza. ¿Cómo me sentía?

¡Congelado! ¡Miserable! ¡Tratado injustamente por el malvado universo!

Había conducido 500 millas para tres días de desarrollo personal. Esta era mi recompensa. ¿Mi mentalidad? En el lugar incorrecto. ¿Cómo podemos tener pensamientos positivos con los dedos congelados?

Pero conduje 500 millas a Minnesota para aprender y crecer. Y ese día, valió la pena. Más tarde ese día, durante la clase, descubrí mi primer mantra, una simple frase que me ayudaría a controlar mi mentalidad. En lugar de reaccionar, reaccionar y reaccionar ante lo que sea que ocurriera, aprendí cómo podía tener al control. El mantra era simple.

"No puedo controlar cómo me siento, pero puedo controlar cómo pensar y actuar."

Este mantra me ha funcionado por casi 50 años. Aprendí que es natural tener emociones y sentimientos. Cuando algo malo nos sucede, nuestras mentes automáticamente crean emociones negativas. Aprendí a aceptar esos malos sentimientos, y luego a controlar cómo decidía pensar y actuar.

Los sentimientos y las emociones son inmediatas. Es difícil cambiarlos. Si aceptamos esto como normal, podremos tomar el siguiente paso. Nos decimos a nosotros mismos, "Puedo controlar cómo pensar y actuar." Esto es verdad. Como humanos, tenemos la capacidad de tomar decisiones. Podemos decidir cómo pensar acerca de los eventos, y cómo decidir reaccionar ante estos eventos.

Cuando me di cuenta de esto, dejé de ser una víctima del universo.

Continuaron ocurriéndome cosas malas, pero ya no determinaban mi éxito. Elegí crear mi éxito al controlar cómo pensaba acerca de, y reaccionaba ante estas cosas malas que me sucedían.

Pongamos este pequeño mantra en acción y veamos cómo podríamos reaccionar.

Nuestro mejor miembro renuncia del equipo. Es un evento que nos lastima mucho en nuestra carrera temprana. ¿Cómo nos sentimos? Devastados. No podemos controlar nuestros sentimientos. Nos sentimos muy mal sobre el hecho de que nuestro mejor miembro ha renunciado.

Sin embargo, podemos elegir cómo pensar y reaccionar ante este evento. En este caso, decidimos pensar, "Mi carrera es más grande que el que una persona renuncie. Este evento no determinará mi futuro entero. En lugar de eso, continuaré buscando nuevos miembros para mi equipo. Todavía no he encontrado a los mejores miembros de mi equipo. Hay demasiados nuevos talentos allá afuera que todavía no encuentro."

Podemos controlar cómo pensamos y reaccionamos. Somos el jefe. Estamos a cargo de nuestra vida.

Atajo de mentalidad:

Di este mantra cada vez que algo malo suceda:

"No puedo controlar cómo me siento, pero puedo controlar cómo pensar y actuar."

Pronto, este mantra se convierte en un hábito. Después, ¿qué es lo que notaremos?

Otros nos verán como líderes. Verán que podemos trazar nuestro curso en la vida y que no somos víctimas de uno u otro evento.

CREANDO MANTRAS.

Los mantras son declaraciones o pequeños eslóganes que nos decimos a nosotros mismos. Podemos crearlos según nuestra necesidad.

Es fácil convencer a nuestra mente subconsciente de que algo es verdad si lo repetimos con suficiente frecuencia.

Vemos ocurrir este fenómeno de la repetición cuando las personas sufren por una autoimagen pobre. Ellos repetidamente se dicen a sí mismos cosas como:

- "Estoy gordo."
- "Que estúpido soy, me avergüenzo a menudo."
- "Nadie me ama."
- "¿Por qué lo intento? Siempre termino perdiendo."
- "La gente me sube las esperanzas sólo
  para decepcionarme."
- "Así nací."
- "Nada me funciona."

Cuando nuestras mentes subconscientes escuchan estas declaraciones una y otra vez, crean nuestras creencias personales. La mentalidad se puede definir con lo que creemos.

¿Podemos empeorar?

Desafortunadamente, sí. Cada vez que nos quejamos por algo, ¿qué entrenamiento le estamos dando a nuestro cerebro? Buscar pretextos. Seguir siendo la víctima.

Aquí están las buenas noticias.

Repetir mantras funciona en ambos sentidos.

Podemos crear creencias negativas y creencias positivas. Los mantras pueden ser una gran herramienta para crear una nueva y más positiva perspectiva de la vida. Podemos tomar la creencia que nos gustaría tener, y describirla en un breve mantra. Luego, repetir, repetir, y repetir. Nuestras mentes subconscientes querrán adoptar esta nueva creencia.

Vamos a experimentar con algunos pasos de acción ahora.

Imaginemos que tenemos una seria adicción a la televisión. Cuando llegamos a casa del trabajo, sólo queremos relajarnos durante las siguientes seis horas frente a la pantalla de la TV. Para ayudarnos a romper esta adicción, creamos el siguiente mantra.

"Odio la televisión, es para zombis."

Ahora comenzamos a pensar que la televisión es aburrida. Que poco a poco nos convierte en un zombi sin motivación para levantarnos y lograr algo en la vida. Cada vez que vemos televisión, nos repetimos, "Odio la televisión, es para zombis." Con el tiempo, nuestra adicción a la televisión disminuye. Comenzamos a evitar la televisión en exceso.

La repetición cambia la manera en la que pensamos. Con este superpoder, ¿qué nueva manera de pensar queremos crear para nosotros mismos?

Atajo de mentalidad:
Crea tu mantra personal.

¿Necesitas ideas para elegir un nuevo mantra personal de mentalidad? Aquí tienes algunos ejemplos para alimentar tu pensamiento creativo:

- "Me rehúso a prejuzgar. Escucho a las personas."
- "Amo la tranquilidad de las mañanas."
- "Me encanta la textura crujiente del brócoli."
- "Las personas me dan consejos porque quieren que tenga éxito."
- "A los prospectos les encantan las opciones extras en sus vidas."
- "Las personas son amables cuando me olvido de mis ventas."
- "Si no es ahora, ¿cuándo?"
- "Me comunico mejor con historias cortas."
- "A las personas les encanta cuando voy directo al punto."
- "Dejo que las personas decidan lo que es mejor para ellos."
- "No prejuzgo ni tomo decisiones por las personas."
- "No hay rechazos. Las personas toman decisiones basadas en sus circunstancias actuales."
- "Dejo que las personas se enteren sobre una oportunidad. El siguiente paso depende de ellos."
- "Soy una persona de acción."

En el comienzo, deberíamos de elegir un solo mantra. Hacer que ese nuevo mantra se convierta en un hábito. Una vez que establecemos ese hábito, entonces agregamos otro mantra. Queremos enfocar nuestra energía para hacer que nuestro mantra personal se convierta en parte de nuestro sistema de creencias. Hacemos más fuerte nuestra mentalidad un ladrillo a la vez.

Seleccionemos un mantra genial que nos ayude a cambiar. ¿Cómo?

Preguntándonos, "¿Cuál es mi problema más grande?"

En mi caso, detesto el teléfono. Si quisiera cambiar mi mentalidad de "detesto el teléfono," aquí hay algunos mantras que podría elegir:

- "El teléfono es mi amigo."
- "Me gusta hablar con prospectos por teléfono."
- "El teléfono me ahorra tiempo de traslados."
- "Sonrío cada vez que levanto el teléfono."

Estas son sólo ideas de muestra. Ahora es el momento de entrar en acción. Selecciona una gran mentalidad que te gustaría cambiar. No esperes. Decide ahora. Aquí está el recordatorio de nuevo.

Atajo de mentalidad:
Crea tu mantra personal.

¿Los mantras son similares a las afirmaciones?

Sí. Piensa en los mantras como algo breve y fácil de recordar que podemos convertir en un hábito.

Aquí hay algunos mantras que podemos elegir:

- "Está bien si me equivoco. Aprenderé algo nuevo."
- "Siento más confianza cada día."
- "Decido tener un buen día."
- "Me encanta leer un capítulo por día."
- "Dejo que las personas decidan lo que es mejor para ellos."
- "Todos quieren mejorar su vida y más oportunidades."
- "Las personas tienen días malos. No es contagioso."
- "Persistencia más tiempo es igual a éxito."
- "Me encantan las mañanas."

Podríamos pensar, "¡Hey! Todos esos mantras son positivos."

Sí. Podemos elegir.

Podemos crear mantras positivos o mantras negativos. Tener mantras positivos no es más costoso. Entonces, ¿por qué no hacerlos positivos?

Cuando hacemos esto, entendemos cómo las personas crean creencias negativas en sus mentes. Repiten y repiten sus sentimientos ante una mala experiencia. Se enganchan con un diálogo interno negativo. Y repiten este diálogo interno negativo hasta el punto de que su mente subconsciente lo cree como verdad.

Esto debería de recordarnos que tenemos el control de nuestras mentes. Podemos elegir alimentarlas con lo que queramos. Desafortunadamente, la mayoría de las personas no saben acerca de esto. Sus mentes se convierten en un vertedero de basura de la negatividad de otras personas.

Seamos vigilantes y controlemos nuestra mente.

¿QUÉ TAN MALO PODRÍA SER?

Principios de 1973. Estoy sentado en mi coche afuera de la casa de mi prospecto. Me tomó dos horas conducir hasta Michigan City desde Chicago, y mi prospecto no está en casa. O por lo menos, no está respondiendo al timbre.

¿Quién tiene la culpa?

Yo. Y no me gusta esto.

Tenía tanto miedo de telefonear a mi prospecto, que decidí conducir dos horas para reunirnos en persona. Esto está acabando mal. Todavía tengo que conducir dos horas para regresar a casa.

Las personas normales pensarían, "Esto curará tu miedo al teléfono."

No lo hizo. Mi miedo me atormentó por años. Continué tomando personalmente cada llamada que me rechazaban. ¿El día de hoy? Todavía tengo una aversión al teléfono, pero está mejorando.

¿Qué fue lo que hice para mejorar mi mentalidad sobre el teléfono?

Comencé a hacer una lista de excusas para los prospectos que no tenían nada que ver conmigo. De esa manera, si decían "no" a mi petición de una cita, podría decirme a mí mismo que no tuvo nada que ver conmigo. Nuestros egos son frágiles. Aquí hay algunas de las excusas telefónicas para citas que creé en mi mente para mis prospectos:

- Estaban ocupados y con mucho estrés por el trabajo.
- Llevaban una enorme carga emocional de anteriores llamadas de venta.
- Tenían miedo de que los vendedores les llamaran para hacer citas.
- Algo más era más importante para ellos en ese momento.
- Tenían miedo de que su pareja les gritara por hacer cita con un vendedor.
- Algo los tenía distraídos.

La solución no era perfecta, pero fue mi primera experiencia con tratar de controlar mi manera de pensar. Las historias que nos contamos crean nuestras creencias. Decidí comenzar a contarme mejores historias.

COMIENZA FUERTE EN LAS MAÑANAS.

Keith comienza sus mañanas temprano. Yo comienzo las mías unas cinco horas más tarde.

No importa la hora en la que empecemos, es lo que hacemos cuando comenzamos lo que marca la diferencia.

No soy madrugador. Las mañanas no son mi punto más alto. Ese sería un mal punto para que yo tome decisiones acerca de lo que haré en el día. En lugar de eso, yo dependo de mis hábitos. Al tener una cierta rutina cuando me levanto, navego en piloto automático durante las primeras "confusas" horas de mi mañana. Eso es lo que funciona para mí.

Sigo la regla de Keith del 51%. Las malas noticias y la negatividad serán descargadas sobre nosotros durante todo el día. Keith dice, "Asegúrate de que nuestras buenas noticias y positividad supere lo negativo por lo menos 1%"

Yo no leo noticias en la mañana. Las "buenas noticias" no llegan a las noticias. Las personas sólo quieren ver y leer "malas noticias" siempre. Al evitar ver noticias temprano en la mañana, no comienzo mi día con un déficit de actitud.

¿Qué es lo que hago por las mañanas?

Primero, leo lo que me emociona. Siento curiosidad por la neurociencia, la psicología humana y el arte de las ventas, entre varias cosas. Este es un hábito fácil. Buscamos leer o escuchar más acerca de nuestros temas favoritos.

Después, regresaré mensajes y evitaré el ejercicio. Las mañanas no son mis horas buenas de claridad mental. Soy una persona vespertina. Tengo más energía cuando la mañana termina.

¿Qué hay de ti? ¿Eres una persona matutina o vespertina? Podemos ajustar nuestro calendario en consecuencia.

Mis claves son:

1. Evitar descargar negatividad sobre mi cerebro. Tratar de mantener la influencia negativa en un 49% o menos.

2. Aprender algo nuevo todos los días. Esto tiene un efecto compuesto en el tiempo. Todo lo que aprenda hoy, lo podré usar todos los días por el resto de mi vida.

¿Cómo podrían lucir nuestras mañanas? ¿Cuál será nuestra rutina? Aquí tienes algunas posibilidades:

- Ejercicio. "Si te mueves te emocionas." ¿El ejercicio nos llena de energía para el día?
- Inspiración. ¿Escuchar una canción que nos motive eleva nuestros niveles de energía? ¿Leer un libro que nos inspire?
- Hacer una lista de las tres tareas más importantes que queremos lograr el día de hoy.
- Repetir afirmaciones positivas.
- ¿Dos enormes tazas de café encenderán la luz dentro de nuestro cerebro?
- ¿Ayudar a nuestros hijos pequeños a prepararse para la escuela crea gratitud?

Nuestras rutinas matutinas dirigen nuestra forma de pensar para el día. Con algo de esfuerzo consciente, podemos diseñar nuestra mañana para mantenernos dentro de una mentalidad positiva y de crecimiento.

¿Veremos resultados al administrar nuestras mañanas? Por supuesto. Las personas son reactivas. Reaccionan ante nosotros. Si nos sentimos miserables, ellas lo saben. Nuestras mañanas nos ayudan con las relaciones con los demás. Esto es bastante importante, en vista de que el mercadeo en red es un "negocio de personas."

Revisa el calendario.

Volver al Futuro fue una película grandiosa. Los personajes podían viajar en el tiempo hacia el pasado o hacia el futuro. Desafortunadamente, nosotros no tenemos ese privilegio. Nosotros vivimos en el presente.

No tiene sentido seguir llevando cargas extras del pasado. Son demasiado pesadas. ¿Y el futuro? Eso todavía no ha sucedido, pero podemos influenciarlo a través de lo que hacemos en el presente.

Pocas personas quieren pasar tiempo con personas que viven en el pasado. Evitamos conversaciones con personas que dicen, "Odio el progreso. Desearía que las cosas fueran como solían ser." En lugar de quejarse sobre cómo las cosas solían ser, enfoquémonos en vivir el presente. Esto será un pensamiento negativo menos en nuestro día. La última vez que investigué, quejarnos por que los 90s no regresarán no hará nada para acercarnos a nuestras metas.

Queremos que nuestra mentalidad se enfoque en "lo que queremos" en lugar de enfocarse en "lo que no queremos." Queremos que el poder total de nuestro cerebro nos dirija a nuevas posibilidades que nos ayuden a lograr nuestras metas.

SUSPENDER TEMPORALMENTE NUESTROS PROBLEMAS.

Hace más de 40 años, contraté a un entrenador llamado John Walker. Él impartía el entrenamiento de los sábados por la mañana con mi equipo local de Chicago. ¿Su enfoque? Mentalidad.

Me dijo, "Tu equipo es joven; muchos apenas tienen 21 años de edad. Debido a que son jóvenes, tienen una autoestima baja. No han tenido muchos éxitos en sus vidas hasta este punto. Nadie los anima a que tengan éxito. Todo lo que escuchan es críticas de sus amigos. Es natural que tengan escepticismos y mentalidades negativas. Esa es mi misión cada sábado. Mi primer paso es hacer que crean en ellos mismos."

Para comenzar el entrenamiento de los sábados por la mañana, John anunciaba, "Toma una hoja de papel en blanco. Escribe todos tus problemas en esta hoja de papel." Le tomaba a los distribuidores 15 minutos enteros enlistar los problemas en sus vidas.

John hacía que alguien recolectara todos los papeles en una caja, y colocaba la caja afuera del salón. Luego le decía a la clase, "Durante las próximas ocho horas, no tendrás ninguno de esos problemas que te están frenando. Concéntrate en todo lo que

SUSPENDER TEMPORALMENTE NUESTROS PROBLEMAS.

diré el día de hoy. Sueña. Piensa en grande. Imagina cómo sería la vida si te ocurrieran cosas buenas."

Buen consejo. Pero John fue más allá.

Concluyó diciendo, "Yo sé que algunos de ustedes se preocupan por sus problemas. No te preocupes por ellos. Están seguros en la caja allá afuera. Cuando terminemos el día de hoy, asegúrate de recoger tu hoja de papel con tus problemas antes de irte. Y, asegúrate de que te lleves TUS problemas. No me gustaría que te llevaras los problemas de alguien más a casa contigo."

¿Podemos hacer esto por nuestra cuenta? ¿Podemos suspender nuestra mentalidad negativa?

Tal vez no al 100% de inmediato. Pero podemos comenzar a construir nuestros músculos de mentalidad. ¿Cómo?

Nos retamos a nosotros mismos a mantener una mentalidad de crecimiento durante sólo cinco minutos, o una hora, o una tarde.

Cuando vamos al cine, somos capaces de creer que el súper espía James Bond saldrá victorioso ante todos los obstáculos durante 90 minutos. ¿No deberíamos ser capaces de creer en nosotros por unos pocos minutos?

NO PERMITAMOS QUE OTROS CONTROLEN NUESTRA MENTALIDAD.

"¡Los adolescentes son unos idiotas!"

Mi buen amigo, Ed, irrumpió en la oficina. Rojo de la cara, dando pisotones, y maldiciendo a un adolescente que le cortó el paso cuando Ed conducía su auto nuevo camino a nuestra oficina. Estoy seguro de que Ed salió de la agencia sonriendo y cantando. Pero aquí está lo que ocurrió.

"Ese adolescente me cortó el paso, ¡y ni siquiera me vio! Toqué el claxon y lo perseguí. Pero después de varias cuadras se escapó. El gobierno debería de prohibir que los adolescentes conduzcan. Si no fuese por mis habilidades sobrehumanas al volante, habríamos tenido un serio accidente."

Alguien en mi oficina preguntó, "¿El adolescente no sabía de tu existencia? ¿Sólo escuchaba música a todo volumen y te ignoró? ¿Quién le dio a ese desconocido adolescente el control sobre tu estado de ánimo? ¿Cómo te sientes cuando un adolescente te controla así?"

Palabras de lucha. Ahora Ed estaba hirviendo y tratando de recuperar el aliento. Su ego no podía contener la idea de que un adolescente lo controlara. La conversación inteligente salió del cuarto mientras Ed gritaba más fuerte.

No podemos elegir los eventos que nos ocurren. Todo lo que podemos hacer es elegir nuestra reacción. Mi molesto amigo renunció a su derecho de elegir una reacción. En lugar de eso, se convirtió en una víctima y se comprometió con el papel.

¿El marcador? Adolescente: 1. Mi amigo: 0.

Durante las siguientes semanas, cada vez que Ed visitaba nuestra oficina, alguien le preguntaba, "¿Alguien más ha controlado tu mente el día de hoy?"

Algunas veces, el personal de oficina puede ser cruel.

Atajo de mentalidad:
Rehúsa sentirte ofendido durante 48 horas.

¿Queremos tener una mentalidad más positiva? Entonces deberíamos de dejar de permitir que otros nos ofendan. Recuerda, otros podrían no darse cuenta de que nos están ofendiendo. Como mi amigo, somos nosotros quienes hacemos el esfuerzo por sentirnos ofendidos.

El mundo no nos debe nada. No deberíamos sentirnos con el derecho a privilegios especiales. La mayoría de los eventos no tienen nada que ver con nosotros. Pensemos en nosotros mismos como transeúntes inocentes que son daño colateral de vez en cuando.

Cuando esto ocurre, ya está en el pasado. No podemos cambiar nada. Lo único que podemos controlar es nuestra reacción ante este evento. Tenemos una autoridad del 100% sobre nuestras reacciones.

Entonces, ¿Por qué elegir una mentalidad negativa que nos ofenda y produzca estrés? En lugar de eso, vamos a elegir una reacción más positiva o neutral.

POR QUÉ UNA MENTALIDAD DE CRECIMIENTO NOS HACE FELICES.

¿Qué es lo que las personas más desean? Felicidad.

¿Pero quién debería de controlar la felicidad? ¿Otros? ¿O nosotros?

La respuesta es obvia.

Cuando adoptamos una mentalidad de crecimiento, nos decimos a nosotros mismos, "Soy 100% responsable por mí. No soy una víctima del pasado. Mi futuro no ha ocurrido todavía. Todo lo que puedo hacer es controlar las decisiones que tomo en el presente. Esto determinará mi vida de aquí en adelante."

Esto significa que dejamos de culpar a otros. Decidimos que no seremos más una víctima de los eventos. Y ahora tenemos el control sobre nuestra felicidad. Tomamos las decisiones para nuestro presente y nuestro futuro.

Piensa en todo el tiempo que las personas desperdician repitiendo su pasado. Las experiencias negativas del pasado están… ¡en el pasado! Nada puede cambiar esas experiencias.

Las personas con mentalidad de crecimiento toman el control. Reconocen que el pasado ya ocurrió. Está hecho. No hace falta revivir esas experiencias y sentirse mal. En lugar de eso, pueden replantear esas experiencias como experiencias de aprendizaje. Estas experiencias los mantendrán alejados de malas decisiones en el futuro.

Recuerda, no podemos controlar cómo nos sentimos. Pero podemos controlar cómo pensamos y actuamos.

¿CAMBIAR NUESTRA MENTALIDAD ES UNA HABILIDAD QUE PODEMOS APRENDER?

¡Sí!

Cualquiera puede aprender a cambiar su mentalidad. Nosotros lo hicimos. No cuesta nada, todos en nuestro equipo pueden decidir hacerlo.

Una vez que vemos qué tan fácil es cambiar nuestra mentalidad, nos preguntamos por qué alguien rechazaría intentarlo.

Tendremos conversaciones frustrantes como esta:

Patrocinador: "¿Desarrollar tu mentalidad es una habilidad?"

Miembro del equipo: "Hmmm ... Supongo."

Patrocinador: "¿Y cuál es tu mentalidad?"

Miembro del equipo: "Eh ... eh ... ¿consciente?"

Patrocinador: <Se golpea la frente.> "No, no, no. ¿Estás controlando tu mentalidad?"

Miembro del equipo: "¿Puedo controlarla?"

Patrocinador: "Es una habilidad. ¿Has aprendido esa habilidad?"

Miembro del equipo: "No. Todavía no. Pienso que seguiré con la mentalidad por default por ahora. Luego, esperaré lo mejor."

Patrocinador: <Se golpea la frente de nuevo. La frente se empieza a poner roja.> "Si no estás controlando tu mentalidad, otras personas lo harán por ti. ¿Eso es lo que quieres?"

Miembro del equipo: "No me molestes con ideas profundas. Yo no soy el responsable de nada. Yo soy una víctima profesional. ¡Oh, mira! ¡Netflix tiene series nuevas!"

Patrocinador: <Se golpea la frente. La frente se pone más roja.> "Tú me dijiste que querías un ingreso de tiempo parcial para pagar tus deudas con las tarjetas de crédito. No puedes hacer eso con una mentalidad negativa."

Miembro del equipo: "Eh… eh… Me perdí eso. Debo haber estado distraído."

Patrocinador: "Por favor dime que por lo menos has intentado crear un nuevo mantra. ¿O tal vez debería golpearme la frente más duro?"

Miembro del equipo: "Pienso que debería de sentarme y esperar a que la Ley de la Atracción funcione. Eso puede funcionar en segundo plano mientras juego videojuegos."

Patrocinador: "Tienes elección. Aprender a controlar tu manera personal de pensar, o continuar con la vida como está."

Miembro del equipo: "Es fácil para ti decirlo. Tú simplemente tienes suerte. Yo no tengo tanta suerte."

Esto nunca termina bien.

Cuando los miembros del equipo se rehúsan a tomar el primer paso, ellos mismos están destruyendo sus posibilidades.

Entonces, ¿qué sucede aquí? El miembro de nuestro equipo piensa que cambiar nuestra mentalidad es una misteriosa e imposible habilidad, algo que sólo los patrocinadores son capaces de hacer.

Analogías e historias al rescate.

Es difícil para nuestros cerebros aprender cosas nuevas. Sin embargo, existe un atajo en el aprendizaje que puede hacer más fácil que nosotros y los miembros de nuestro equipo entiendan nuevos conceptos. ¿El atajo?

Comparar la nueva información con algo que ya esté establecido en el cerebro. Esto nos facilita adquirir nuevos conceptos. En este caso, le estamos pidiendo al miembro de nuestro equipo que imagine tener el control de su cerebro. Todo lo que tenemos que hacer es darle una breve historia o un ejemplo de que ya tiene el control de su cerebro. Verá que ya tiene este poder dentro de sí.

¿Un ejemplo? Usemos un ejemplo negativo en esta conversación, ya que las personas escépticas encuentran más fácil ser negativas.

Nosotros: "¿Cuál es tu equipo de fútbol favorito?"

Miembro del equipo: "Los Guerreros Locales."

Nosotros: "Entonces, elegiste la mentalidad de los Guerreros Locales en lugar de la mentalidad de otro equipo. Apuesto a que eres un gran fan."

Miembro del equipo: "Sí. Disfruto viendo jugar al equipo cada domingo."

Nosotros: "¿Cómo es tu forma de pensar acerca del otro equipo en tu ciudad, los Vaqueros Vecinos?"

Miembro del equipo: "Son malvados. Hacen trampa, tienen un entrenador alcohólico, ¡y toman drogas!"

Nosotros: "¿Cuándo decidiste esta forma de pensar?"

Miembro del equipo: "Hace diez años, cuando ganaron el campeonato de la liga. Ahí es cuando supe que eran unos tramposos."

Nosotros: "Es bueno que hayas decidido tu forma de pensar. No tienes que esperar que alguien te diga qué creer. Y adivina qué. Puedes decidir tener una mentalidad de éxito para tu negocio ahora mismo. No tienes que pedirle permiso a nadie. ¿Quieres intentar con un pequeño cambio de mentalidad para demostrar esto?"

Miembro del equipo: "Está bien, pero que sea pequeño."

Progresos.

LA ÚNICA PALABRA QUE INVIERTE TODO.

"Cómo."

Eso es todo.

Sí, "cómo" es la palabra que puede revertir nuestras mentalidades negativas.

La manera en la que le hablamos a nuestra mente crea una gran diferencia. Una simple reformulación de una pregunta puede cambiar nuestras mentalidades. Mira la diferencias entre estas dos preguntas:

1. "¿Por qué no puedo patrocinar a nadie?"

2. "¿Cómo puedo patrocinar a alguien?"

Estas preguntas apuntan en direcciones diferentes. Es obvio que la pregunta #2 nos apuntará a una mejor mentalidad y dirección.

Hacer las preguntas correctas.
(Por qué vs. Cómo)

Si usamos preguntas de "por qué," nos estamos enfocando en nuestro pasado.

Algunos ejemplos de preguntas de "por qué":

- ¿Por qué no puedo encontrar prospectos?
- ¿Por qué no puedo hacer ventas?
- ¿Por qué me rindo así de fácil?
- ¿Por qué sigo todavía en este nivel de ingresos?

Las preguntas de "por qué" se sienten como si nos estuviésemos culpando a nosotros mismos, o buscando algo para culpar. Esto nunca nos sacará adelante.

Así que en lugar de hacer preguntas de "por qué," vamos a cambiar nuestros retos a preguntas de "cómo."

Las preguntas de "cómo" se enfocan en el futuro y le ayudan a nuestras mentes a buscar soluciones.

Algunos ejemplos de preguntas de "cómo":

- ¿Cómo puedo hacer más ventas esta semana?
- ¿Cómo puedo encontrar un líder potencial hoy?
- ¿Cómo puedo motivarme a mí mismo y a mi equipo?
- ¿Cómo puedo ser mejor persona?
- ¿Cómo puedo enfocarme en ser más generoso?
- ¿Cómo puedo atraer más prospectos?
- ¿Cómo puedo ser el mejor patrocinador?
- ¿Cómo puedo ser el mejor patrocinador?
- ¿Cómo puedo motivarme para comenzar este gran proyecto?
- ¿Cómo puedo construir mi negocio mientras voy al trabajo?
- ¿Qué puedo hacer para encontrar prospectos antes del trabajo?
- ¿Cómo puedo hacer seguimiento con cinco prospectos el día de hoy?

- ¿A dónde puedo ir durante el fin de semana para conocer personas nuevas?
- ¿Cómo puedo llegar a más prospectos mientras trabajo desde casa?

Las preguntas de "cómo" son divertidas. Ponen a trabajar a nuestra mente subconsciente en busca de soluciones.

¿Te sientes desanimado? Cambiar a una pregunta de "cómo" puede hacer que nuestra mente apunte en la dirección correcta. Las preguntas de "quién," "qué" y "dónde" también son buenas y funcionan.

PREOCUPACIÓN.

Deberíamos de preocuparnos. Las cosas malas sí nos ocurren.

Es por eso por lo que miramos en ambos sentidos antes de cruzar la calle.

¿Y esa comida que no refrigeramos? Luce un poco arriesgada ahora. Nos preocupamos sobre intoxicarnos. Esto evita que nos comamos ese bulto de bacterias recalentado.

La preocupación evita que hagamos cosas estúpidas. La preocupación nos mantiene con vida.

Entonces, ¿cuándo la preocupación se convierte en algo malo? Cuando nos preocupamos demasiado por cosas en el futuro, cosas que aún no han ocurrido. ¿La realidad? El 90% de estas cosas nunca ocurrirán. Desperdiciamos todo ese tiempo y experimentamos demasiado estrés por algo que no ocurrió.

Si la preocupación domina nuestros pensamientos actualmente, aquí está una estrategia que Keith y yo usamos. Esta estrategia proviene del libro de Dale Carnegie, *Cómo Suprimir las Preocupaciones y Disfrutar de la Vida*.

Cuando nos preocupamos sobre un problema en el futuro, nos preguntamos, "¿Qué es lo peor que podría pasar?"

Si podemos vivir con el peor escenario posible, entonces nuestras preocupaciones se terminan. El desenlace futuro siempre es mejor que el peor escenario posible. Esto nos ayuda a evitar noches sin dormir. Además, esta mentalidad nos hace sentir que tenemos el poder de superar malos escenarios en el futuro.

Aquí hay un ejemplo. Imagina que me preocupo acerca de una cita próxima con el doctor. Tengo miedo de que el doctor me diga, "Todavía estás muy gordo. No estás siguiendo mi rigurosa dieta."

A nadie le gusta quedar en ridículo, incluyéndome.

Pero me pregunto, "¿Qué es lo peor que puede ocurrir?"

El peor escenario posible es que mi rostro se ponga rojo de vergüenza, pero seguiré con vida. Luego, después de salir de la consulta con el doctor, puedo detenerme en mi tienda de rosquillas favorita camino a casa para subir mi estado de ánimo.

La mayoría de mis preocupaciones se evaporan. Con suerte, tal vez la báscula de mi doctor esté descompuesta y no quedaré en vergüenza. Algunas de las cosas por las que nos preocupamos nunca ocurren.

Todos tienen cosas por las cuales preocuparse. Nos preocupamos sobre comprar una propiedad, recibir una demanda, llegar tarde, e incluso nos preocupa lo que otras personas pensarán. Sí, deberíamos de preocuparnos un poco, pero no deberíamos dejar que estas preocupaciones dominen nuestras mentes. Ya hay muchas cosas que derriban nuestra mentalidad. No deberíamos agregar preocupaciones futuras a esta lista.

Ponlo a prueba. Esto ha funcionado para demasiadas personas desde la publicación inicial de *Cómo Suprimir las Preocupaciones y Disfrutar de la Vida* en 1948. Todo lo que hace falta es una oración, "¿Qué es lo peor que podría pasar?"

¿Qué tal un consejo adicional?

La próxima vez que nos preocupemos por algo, preguntémonos, "¿Qué pequeña cosa puedo hacer ahora mismo?" Y luego hacerla.

Nos sentiremos mejor por haber hecho algo tangible para mejorar.

Muchas veces el futuro no está claro. Así que en lugar de sentirnos paralizados, hagamos algo que sea positivo y nos ayude a salir adelante.

Recuerda, piensa en un pequeño paso.

No nos preguntemos, "¿Qué podríamos hacer para hacer que todo esto desaparezca?"

Esta pregunta no hace que entremos en acción.

Elige un pequeño paso y hazlo.

CUANDO NUESTRA MENTALIDAD NOS PERSUADE DE INTENTARLO.

Aquí está un ejemplo de cuando nuestra manera de pensar trabaja en nuestra contra.

Las vacaciones se aproximan. Nos decimos a nosotros mismos, "Nadie estará interesado ahora. Sus pensamientos están sobre las vacaciones que se aproximan. Debería de esperar a construir mi negocio hasta después de la vacaciones."

Esta es la historia que nos contamos. Y como la mayoría de las historias, esta historia es inventada. Proviene de nuestra mentalidad actual.

Podemos cambiar nuestra mentalidad sobre las vacaciones pensando, "Los prospectos siguen necesitando nuestros productos y servicios. Siguen necesitando la oportunidad. Sus necesidades no desaparecen cuando llegan las vacaciones. Los prospectos aún así quieren lo que estoy ofreciendo."

Tal vez puede ser que no consigamos una cita inmediata para conversar con nuestros prospectos ahora. Pero aquí está algo que podemos hacer para mejorar nuestro negocio.

Este es el mejor momento para fijar citas en el futuro. ¿Por qué?

Los prospectos podrían decir, "Oh, ahora no. Tengo fiestas, etc. Próximamente."

Pero están más receptivos a fijar una cita cuando es en el futuro. Entre más adelante en el futuro sea la cita, más fácil es fijarla.

Podríamos cambiar nuestra mentalidad y pensar, "¡Es momento de hacer citas!"

"SOY UNA PERSONA TERRIBLE."

Bueno, eso era parcialmente verdad. Las personas evitaban a Joe como una plaga.

Joe peleó contra su línea ascendente, peleó contra los miembros de su equipo, y su ira mantenía a los prospectos alejados. "Desagradable" hubiera sido decir poco.

Sin éxito, Joe finalmente anunció, "Soy una persona terrible. ¡Renuncio!"

¿Tenía problemas de mentalidad y de autoimagen? Sí.

Desde el exterior, es fácil ver que este trauma era auto infligido. Siempre es más fácil ver los problemas de alguien más. Es difícil ver la situación real cuando nosotros somos el problema.

Las buenas noticias son que Joe era un chef. No tenía que interactuar con los comensales, y sólo interactuaba con el personal de meseros por pocos segundos a la vez. Ellos habían aprendido a interpretar sus gruñidos.

Aquí está el porqué fue fácil para Joe crear la creencia de que era una persona terrible. Él tenía críticos. Ellos reforzaban su creencia de que era terrible.

¿Qué hay de nosotros? Nosotros escuchamos y recordamos el dolor que recibimos de nuestros críticos negativos. Luego, para empeorar las cosas, revivimos este recuerdo una y otra vez en nuestras mentes. Revivimos las experiencias negativas múltiples ocasiones. Necesitamos romper este patrón.

¿Listo para el reto?

Imagina que el miembro de nuestro equipo es un chef y necesita una nueva mentalidad. ¿Estamos a la altura para ayudar a nuestro chef a ver el mundo bajo una nueva luz? Vamos a probar.

Intento #1.

Nosotros: "Tu equipo te odia, tu patrocinador te odia, tus prospectos te odian, y no tienes clientes. ¿Ves cuál es el común denominador aquí?"

Chef: "Gracias por señalar que yo soy el problema. Nunca lo hubiera adivinado."

Nosotros: "Ahora que ya sabes que tú eres el problema, déjanos indicarte todos tus errores para que puedas corregirlos."

Chef: "Genial idea. Pero qué brillante. Tienes mi apreciación infinita. Por favor comienza a decirme todo lo que hago mal."

Esta conversación nunca sucederá. A nadie le gusta la crítica. A nadie le gusta escuchar que están equivocados. Y si alguien nos dice que está bien si los criticamos, ten cuidado. Es una trampa.

Bien, si esto no funciona, ¿qué sí? La mentalidad de nuestro chef no cambiará por sí sola.

Usaremos una combinación de afinidad y herramientas de analogías para ayudar al chef a desarrollar una mentalidad de crecimiento. ¿Listos?

Intento #2.

Nosotros: "Tú puedes cocinar como todo un experto. Nosotros no. Si nosotros no podemos cocinar, ¿eso nos hace malas personas? Por supuesto que no. Simplemente significa que no hemos aprendido habilidades para la cocina todavía. Tú ya las has aprendido. Nosotros no. Pero podemos decidir aprender."

Chef: "Eso es cierto. Nunca comería un platillo tuyo. Pero entiendo, no saber cocinar no te hace automáticamente una persona terrible. Tú no tienes las habilidades de genio que yo."

(¿Notas cómo evitamos decirle al chef que estaba equivocado?)

Nosotros: "Por favor no renuncies por que sientes que tienes malas habilidades para relacionarte. Tener malas habilidades para relacionarnos no significa que seamos malas personas. Sólo significa que podemos aprender algunas pequeñas reglas para socializar, y luego las personas querrán escuchar nuestros geniales consejos."

Chef: "¿Oh?"

Nosotros: "Puedes aprender nuevas habilidades para relacionarte. Los demás querrán tener conversaciones contigo. Las habilidades no son difíciles de aprender. Cualquiera puede aprenderlas. Disfrutarás del poder que tendrás sobre otros cuando puedas hacer que te escuchen y estén de acuerdo contigo."

Chef: "Bueno, tengo cosas importantes que decirle a los demás. Y desearía que me escucharán más. Seguro, ¿qué tal si me das algunos consejos para que los demás quieran escucharme?"

Esto es sólo un resumen, pero entendemos la idea.

1. Nadie nos escuchará ni nos creerá a menos que tengamos afinidad primero. Encontrar acuerdos pronto en la conversación nos puede ayudar con la creación de la afinidad.

2. Hicimos una analogía con habilidades para cocinar. Esto es algo con lo que nuestro chef puede relacionarse. Y cuando nuestro chef está de acuerdo en que una falta de habilidades para cocinar no hace que las personas sean malas, hemos progresado. Ahora es más fácil hacer la comparación con las habilidades para relacionarnos.

¿Pero por dónde deberíamos de comenzar?

Una habilidad a la vez. Comencemos con el primer principio de Dale Carnegie: "Nunca critiques, condenes ni te quejes."

Nuestro chef criticaba y condenaba a las personas en su conversación. Hacer esto es común para las personas.

Preguntemos a nuestro chef, "¿Cómo te sientes cuando las personas te critican?" Por supuesto que nuestro chef reacciona negativamente a tal asalto contra su ego. Él no quiere equivocarse. No quiere que otros le digan que está equivocado.

Nuestro chef ahora se da cuenta de que las personas no escuchan cuando las criticamos.

Luego señalamos que todos tienen habilidades diferentes. No esperamos que los individuos conozcan cada habilidad en el universo. No hay nada de malo al no contar con cada habilidad necesaria para el negocio. Es normal que tengamos que aprender nuevas habilidades.

Lentamente, habilidad por habilidad, podemos empujar a nuestro chef a relacionarse mejor con las personas. Las mentalidades cambian lentamente las mentalidades requieren de nuevas experiencias para crear nuevas creencias. No podemos sermonear a las personas para que mejoren su manera de pensar.

EL GRUPO DIFÍCIL.

Si no tenemos familiaridad con los cuatro colores de las personalidades, primero expliquemos a la personalidad roja. Estas personas siempre están en lo correcto. Nunca se equivocan. Y no son tímidos al hacernos saber qué tan equivocados estamos nosotros. ¿Conoces a alguien así?

En el lado positivo, las personalidades rojas se encargan de que las cosas se hagan. Ya saben cómo hacerlas cosas y las están haciendo a su modo. Ellos son los triunfadores en el mundo. Les encanta ser los número uno, todo es una competencia para ellos, y constantemente están midiendo sus resultados.

Cuando las personalidades rojas se unen, no estarán recibiendo consejos de nuestra parte. Ellos ya tienen las mejores ideas, y no quieren escuchar nuestras débiles opiniones. Podemos dar un paso atrás y observar cómo actúan.

Las personalidades rojas piensan, "Yo conozco mi meta. Voy tras ella. No dejaré que otros me detengan. Nada de distracciones. Ignorando a los detractores. ¡Lo lograré! Rendirse es para los perdedores."

¿Esta es una mentalidad fija? Sí.

Si señalamos errores, las personalidades rojas no verán sus errores como una oportunidad para aprender y crecer. Ellos lo ven como un ataque contra su carácter personal. Ellos nos perciben como débiles observadores tratando de jalarlos a nuestro nivel.

Esta mentalidad fija tiene pros y contras. Nos encanta una mentalidad enfocada cuando se trata de lograr metas. Sin embargo, ignorar todo aporte y recomendación en su contra.

Ahora, hay dos maneras de hacer que las personalidades rojas cambien su mentalidad.

Ninguna de las dos funciona.

Dejando de lado el humor, ¿qué podemos hacer para ayudar a la mentalidad fija del miembro del equipo con personalidad roja? ¿Cómo podemos hacer que considere una mentalidad de crecimiento?

Por favor nota que no estamos diciendo que todas las personalidades rojas tienen mentalidad fija. Sólo queremos comenzar con un ejemplo para mostrar cómo nuestras estrategias y habilidades pueden servir, incluso dentro de una situación difícil.

Los básicos de una mentalidad fija.

Primero, los humanos no somos racionales. Señalar las razones lógicas en favor o en contra de algo no funcionará. En la escuela puede que hayamos aprendido acerca del "pensamiento crítico," pero en realidad, sólo es una teoría. Los humanos no piensan de esa manera. Mira a tu alrededor y ve las pruebas.

¿Podemos ser tercos? Sí. Nosotros describimos nuestra terquedad con palabras tales como "resuelto," "persistente," "duro" y "concentrado."

Otros podrían describirnos como cabezas duras, contrarios, obstinados, inflexibles y de mente cerrada. Por supuesto que los demás se equivocan sobre nosotros.

Segundo, los humanos aceptan información nueva desde un punto de vista muy sesgado. Si la nueva información contradice nuestras creencias, tendemos a minimizarla. Luego volvemos a confirmar que nuestras creencias personales son verdad. No queremos cambiar nuestras ideas. Queremos escuchar cosas con las que estamos de acuerdo. A esto se le llama sesgo de confirmación. Si algo concuerda con lo que ya creemos, entonces lo aceptamos.

Tercero, nuestras mentes son perezosas. Nuestros primeros pensamientos son lo suficientemente buenos. ¿Aceptar puntos de vista alternativos acerca de cada tema? Nah. No se puede. Demasiada molestia para pensar esto a detalle. En lugar de eso, defenderemos nuestros pensamientos iniciales.

Tenemos demasiadas disfunciones cerebrales en contra nuestra.

Cambiar una forma de pensar será un reto. Lo sabemos. Todo lo que tenemos que hacer es mirar nuestras experiencias del pasado con los demás.

Pero las personas tercas pueden cambiar su mentalidad. Tenían diferentes maneras de pensar antes de que adquirieran sus mentalidades fijas.

¿Cómo podemos hablar con ellos acerca de su mentalidad?

1. Les hacemos preguntas. Averiguamos cómo consiguieron su manera de pensar actual. Escuchamos en busca de pistas.

2. Les recordamos de ejemplos en su vida donde aprendieron cosas nuevas.

3. Le hacemos cumplidos sobre su habilidad en el pasado para aprender habilidades nuevas y más eficientes.

4. Les recordamos que otros los aman más cuando están abiertos al cambio.

¿Esto funcionará? No de inmediato.

Pero podemos plantar una semilla. Estamos colocando una pista más dentro de su mente subconsciente de que pueden cambiar su mentalidad. Toma tiempo cambiar nuestras ideas. Entre más emocional sea la mentalidad, más tiempo tardará.

Las buenas noticias son que tenemos muchas herramientas que pueden ayudarnos. Vamos a aprender algunas estrategias y habilidades más para ayudar a los demás a cambiar su mentalidad.

¿A NUESTROS PROSPECTOS LES GUSTAN LOS MALVAVISCOS?

A comienzos de los 70s, investigadores torturaron a varios niños de cinco años con un experimento con malvaviscos. Así son los investigadores. Ellos querían aprender más sobre los efectos de la gratificación retrasada.

Como ya sabemos, algunos niños tienen la mentalidad de que si les damos algo de dinero, ellos lo gastarán inmediatamente. Otros niños son capaces de ahorrar algo de dinero sin estar bajo estrés. Aquí está el experimento que los investigadores condujeron:

Llevaban a un niño a un cuarto. El niño recibía estas opciones.

Opción #1: Aquí está un malvavisco. Puedes comerlo ahora.

Opción #2: Si esperas 15 minutos, regresaré. Y si no has comido tu malvavisco, te daré otro malvavisco.

Los investigadores dejaban al niño solo en el cuarto con el malvavisco durante 15 minutos. Eso es cruel.

Sabemos qué sucedió. Algunos niños no pudieron esperar, y se comieron su malvavisco inmediatamente. Otros niños tenían la mentalidad que les permitió resistir comerse el malvavisco inmediatamente por una recompensa 15 minutos después.

¿La conclusión de los investigadores? Los niños que pudieron resistir la tentación, quienes pudieron manejar la gratificación retrasada, tienden a tener mejores resultados en la vida. Tienden a responder mejor en los exámenes, más ahorros, etc., en el futuro.

Dos mentalidades diferentes, dos resultados diferentes.

Ahora, desde el experimento original, otros investigadores han cuestionado su validez y conclusión. Pero no nos interesa esa parte del experimento.

En lugar de eso, esta historia nos muestra una interesante herramienta que podemos usar para nuestra mentalidad.

Una pregunta podría ser, "¿Cómo es que los niños que retrasaron la gratificación se resistieron a la tentación del malvavisco? ¿Acaso estos niños tienen una fuerza de voluntad sobrehumana?" No. Ellos crearon maneras de distraerse a sí mismos del malvavisco. Esto es lo que hicieron.

Miraban en otra dirección para no ver el malvavisco. Algunos niños taparon sus ojos con sus manos. Algunos niños comenzaron una conversación con ellos mismos, cantaron canciones, y crearon juegos para distraerse. Sí, 15 minutos es demasiado tiempo cuando un malvavisco nos está mirando fijamente. Un niño se quedó dormido. Ahora, ¡eso sí que es creatividad!

¿Qué es lo que podemos aprender del experimento con el malvavisco?

No necesitamos una fuerza de voluntad de hierro para cambiar nuestra mentalidad por el momento. En lugar de eso, podemos distraernos a nosotros mismos y reducir la tentación de caer de nuevo en técnicas viejas de mentalidad fija. Aquí hay algunos ejemplos de esta técnica de distracción:

- ¿Problemas para hacer ejercicio? Escuchemos nuestra música favorita o audios de desarrollo personal mientras damos una caminata.
- ¿Pensamos que escuchar la conferencia del mismo líder de ventas una y otra vez es aburrido? Hagamos un juego de tratar de identificar las mejores frases que mueven a la audiencia.
- ¿Miedo de hablar frente a un grupo? Imagina que hablamos frente a un grupo de niños de 5 años y el grupo no se siente tan intimidante. Sabemos más sobre nuestro tema que nuestra audiencia.
- ¿Pensamos que las mañanas son deprimentes? Hazte adicto al café gourmet y las rosquillas de especialidad. Rosquillas saludables, por supuesto. Ahora queremos levantarnos temprano todas las mañanas.
- ¿Encontramos prospectos difíciles? En lugar de juzgarlos, podemos verlos como pruebas para mejorar nuestras habilidades de comunicación.

Con un poco de creatividad, podemos fortalecer nuestra fuerza de voluntad. Después, con el tiempo, podemos hacer que nuestra mentalidad sea más permanente.

21 HERRAMIENTAS MÁS PARA CAMBIAR MENTALIDADES.

¡Hora de la caja de herramientas! ¡Sí!

No todas las herramientas funcionan para cada situación. Algunas veces tenemos que usar una combinación de herramientas. Y sí, algunas veces tenemos que esperar y dejar que el tiempo haga su magia. Cuando las personas se rehúsan a cambiar su mentalidad, puede que haya poco o nada que podamos hacer.

Herramienta #1:
La afinidad viene primero.

No hay sorpresas aquí. Si no tenemos afinidad, nadie está escuchando. Nuestros intentos de cambiar formas de pensar no funcionarán.

La afinidad significa que nuestros prospectos y nosotros podemos estar de acuerdo en algo. Eso crea confianza. Ahora nuestro mensaje tiene una audiencia. Primero hacemos amigos. Después, una vez que establezcamos esa conexión, el trabajo comienza.

Si no sabemos cómo construir afinidad, probemos este atajo primero. Le decimos a nuestros escuchas algo en lo que ya creen. Ellos pensarán que somos genios, ¡tal como ellos!

En resumen: tenemos que decirles que están en lo correcto primero, antes de que podamos discutir cómo están equivocados. No cambies el orden de esto.

Hay por lo menos una cosa en su mentalidad que tiene sentido. No tenemos que estar de acuerdo con todo. Sólo tenemos que estar de acuerdo en una cosa para hacer esa conexión. Hablemos sobre lo que estamos de acuerdo primero. Entre más lo hagamos, más profunda la conexión.

Herramienta #2:
Asegurarnos de que no somos la persona testaruda en la conversación.

¿Estamos tratando de aprender juntos, o estamos tratando de demostrar que tenemos razón? Una vez que nos liberamos de nuestra insistencia por tener la razón, bajamos la resistencia de los demás. Si nos mostramos con una mente abierta, los demás sentirán que es seguro abrir sus mentes.

Cuando los otros no están de acuerdo con nosotros, lo tomamos personal. Nos sentimos como si nos estuviesen atacando o a nuestra identidad. Respiremos un poco. Si dejamos de reaccionar, ellos se relajarán y escucharán más de lo que decimos.

Herramienta #3: Las preguntas ayudan.

Mientras que podríamos no estar de acuerdo con su manera de pensar, podemos por lo menos intentar entender de dónde vienen. Tratemos de encontrar qué experiencias del pasado les dieron estos puntos de vista. Como beneficio adicional, cuando hablen sobre cómo llegaron a esos puntos de vista, algunas veces notan fallos en el camino. Esto les ayudará a que abran sus mentes más fácil y adopten nuevas mentalidades.

Otro beneficio es que nosotros escuchamos más durante esta fase de descubrimiento. A las personas les encanta cuando escuchamos. Para cuando comprendemos por qué tienen estas creencias y mentalidades, la mayoría de la lucha se les ha terminado.

¿Qué tipos de preguntas podemos hacer? Aquí hay algunas.

- "¿Cuándo ocurrió todo esto?"
- "¿Cuándo te diste cuenta de esto por primera vez?"
- "¿Qué evento salta a tu mente?"
- "¿Qué fue lo que ocurrió después?"
- "¿Cómo eran las cosas antes de que esto pasara?"
- "¿Cómo te ha afectado esto?"

Nota cómo estas preguntas no los ponen contra una esquina donde querrán defender su manera de pensar actual. Y recuerda, tratemos de evitar preguntas que empiezan con "por qué." ¿Por qué? Porque cuando éramos niños, cuando nuestros padres nos preguntaban "por qué" cometimos un error, nosotros automáticamente entrábamos al modo defensivo. No queremos eso ahora.

Herramienta #4: "Qué interesante."

Esta frase demuestra que estamos escuchando, sin comprometernos a su punto de vista. No tenemos que estar de acuerdo cuando escuchamos los razonamientos de su forma de pensar. Y, no tenemos que estar de acuerdo con el razonamiento de su mentalidad para entender por qué piensan de esta manera.

Aquí está cómo usar esta frase.

Prospecto: "La tierra es plana. El viaje a la luna fue falso. Elvis Presley está vivo y odia el mercadeo en red."

Nosotros: "Qué interesante."

"Qué interesante" no levanta un muro de malentendidos. No atacamos directamente lo que otros dicen. Le permite a nuestra conversación continuar amablemente mientras que no nos comprometemos con sus mentalidades.

Herramienta #5:
Todo tiene pros y contras.

Esta es una de mis favoritas. Esta nos permite criticar nuestras propias creencias al señalar que hay lados buenos y malos en todo. Ahora nuestros escuchas se sienten bien admitiendo pequeñas fallas en cualquier mentalidad. Si podemos hacer que otros crean que todo tiene elementos buenos y malos, será más fácil para ellos suavizar sus posiciones.

Aquí hay un ejemplo.

"Incluso los dichos más famosos tienen lados buenos y lados malos. Por ejemplo, cuando comencé mi carrera me dijeron, '¡Nunca renuncies!' Me hizo sentido en el momento, pero luego me di cuenta de que no sirve para todo. Necesitaba renunciar a ver televisión por la noche y dormir más. Necesitaba dejar de comer o explotaría. Y definitivamente necesitaba dejar de hacer las cosas equivocadas si quería perseguir mis metas. Sí, incluso los mejores consejos tienen pros y contras.

¿Otro ejemplo?

"Yo solía decir, 'Mi dieta está bien. Estoy vivo, ¿verdad?' Y eso era verdad. Pero alguien me señaló que somos lo que comemos. No estamos hechos del aire que respiramos o de los shows de televisión que vemos. Pensé en esto por un momento. Luego decidí que no quería estar hecho de Coca-Cola y pizza. Por eso trato de comer un poco más sano ahora."

Herramienta #6:
Criticar primero nuestra mentalidad.

Atacar primero las ideas de los demás es una receta para una misión suicida. Los humanos detestan el cambio. Los humanos detestan evaluar opciones alternativas. Nos gustan las cosas tal como son.

Si criticamos nuestras ideas y mentalidad primero, los demás se sentirán más cómodos discutiendo otros puntos de vista. Nos verán como personas que queremos aprender, no como adversarios. ¿Un pequeño ejemplo?

"Con el tiempo he cambiado mis creencias sobre el brócoli. Cuando era niño, el brócoli era un castigo horrendo infligido por padres sádicos. Luego todo cambió cuando me presentaron al queso fundido. Esto hizo que el brócoli fuera delicioso y se convirtió en mi comida favorita hasta que probé el tiramisú extra-cafeinado hecho con granos de café frescos. Todavía estoy aprendiendo a ajustarme a nuestro mundo en constante cambio."

¿A quién no le gustaría discutir sobre mentalidades junto a un tiramisú extra-cafeinado hecho con granos de café frescos? Así es como ayudamos a que las mentes se abran un poco cada vez.

Herramienta #7:
Ejemplos. Analogías. Metáforas.

Nuestras mentes aprenden cosas nuevas mejor cuando podemos compararlas con algo que ya conocemos y entendemos. ¿Quieres ver qué tan rápido podemos entender algo cuando hacemos comparaciones? Revisa estas frases:

- "Tal como una franquicia de McDonald's, pero dos millones de dólares más barata."
- "Es como sentirse de 16 años otra vez, pero con mejor juicio."
- "¡Esto es como una película de acción pero con esteroides!"
- "Como una cuenta de banco, pero mejor."
- "Es como un árbol genealógico."

Nuestro nuevo miembro del equipo con una mentalidad fija proclama, "Yo ya sé cómo hacer este negocio. Es culpa del prospecto." Con esta mentalidad, no deberíamos esperar ninguna mejora. Hacer sugerencias ahora no servirá de nada.

Primero, tendremos que hacer una analogía. Probemos con esto.

"¿Recuerdas cuando presentaron el iPhone? Tú y yo pensábamos que ese era el pináculo de los teléfonos inteligentes. ¡Pero mira lo que ha pasado! Cada año los teléfonos inteligentes han mejorado y los hemos cambiado por otros nuevos. ¿El resultado? La nueva tecnología nos ayuda mejor. ¿Te puedo pasar algunos descubrimientos que otros empresarios de redes exitosos están usando actualmente?"

¿Esto funcionará? En ocasiones. Las mentalidades toman tiempo para cambiar. Cuando menos, esto podría ser el primer paso para cambiar la mentalidad del miembro de nuestro equipo.

¿Listo para otro ejemplo?

Miembro del equipo: "¡Ya probé con eso y no funcionó! No tiene caso seguirlo intentando, de cualquier forma fracasaré."

Nosotros: "Tú y yo superamos muchos fracasos para llegar hasta aquí. Cuando éramos niños, nos caímos de nuestras bicicletas muchas ocasiones mientras aprendíamos. No nos rendimos. Tú y yo encontraremos la manera de hacer que esto ocurra. Siempre lo hemos hecho."

O...

Miembro del equipo: "Todos los de esta semana me dijeron 'no.' ¡Nadie quiere hacer esto! Renuncio."

Nosotros: "Suena como cuando tú y yo intentamos conseguir nuestra primera cita. Desastre tras desastre. Pero ni tú ni yo somos cobardes. Nos ajustamos y encontramos la manera. Haremos que esto funcione."

O...

Miembro del equipo: "Me rindo. La oficina virtual es un rompecabezas que nunca podré resolver. No se le pueden enseñar nuevos trucos a un perro viejo. Esta cosa del Internet es demasiado para mí."

Nosotros: "Sí, los dos nos sentimos igual con nuestros nuevos smartphones. Ahora tenemos televisión digital, banca en línea, y nos reímos de los viejos teléfonos de disco y las máquinas de escribir. Podría tomarnos un día extra, pero eventualmente lo averiguaremos."

Podemos usar analogías para ayudar al nuevo miembro del equipo a adoptar una mentalidad más madura.

Imagina que el nuevo miembro del equipo anuncia, "¡Me encantan las redes de mercadeo! ¡Odio mi trabajo! ¡Quiero renunciar y hacer esto de tiempo completo!"

Quizá tengamos que decirle a nuestro nuevo miembro, "¿Quieres renunciar a tu empleo? Te entiendo. Pero no querer ir a tu trabajo no es una calificación para hacer mercadeo en red a tiempo completo. Tienes que aprender algunas habilidades primero. Piensa en pilotear un avión. Necesitas habilidades. No renunciarías a tu trabajo y saltarías al asiento del piloto hasta aprender algunas habilidades y tener más experiencia."

Las analogías hacen que nuestro punto se entienda en la menor cantidad de tiempo.

Herramienta #8:
"¿Cuál es mi intención aquí?"

Cuando subimos a nuestro auto, tenemos dos opciones.

1. Poner el coche en "drive."

2. Poner el coche en "reversa."

Ahora nuestro coche irá en una de esas dos direcciones. Le llamamos a esto "establecer nuestra intención."

Queremos "establecer nuestra intención" para todas nuestras actividades. Esto le da dirección a nuestra mentalidad. Si tenemos problemas averiguando cómo establecer nuestra intención, preguntémonos esto:

"¿Cuál es el resultado que deseo?"

Nuestra respuesta nos dará nuestra intención y mentalidad para esta actividad. Entre más específicos seamos, mejor nuestra mentalidad puede controlar el resultado. Aquí hay algunos ejemplos de establecer una intención y una mentalidad:

- Estoy leyendo este libro sobre "romper el hielo" para encontrar una frase con la que me sienta cómodo para romper el hielo.
- Estoy leyendo este libro sobre cómo crear líderes para descubrir una manera de cómo desarrollar un líder este mes.
- Estoy escuchando esta conferencia en la convención para encontrar inspiración y motivación.

- Quiero encontrar una buena fuente de referidos en este evento.
- Estoy bebiendo este café para mejorar mi ánimo, para sentirme más positivo en mi siguiente cita.
- Estoy cerrando mi computadora ahora para poder pasar tiempo de calidad con mi hija.
- Estoy comprando mi boleto para la convención inmediatamente para poner un ejemplo para mi equipo.
- Estoy leyendo este libro y haciendo mi tarea para poder comprender este tema, no tanto para pasar un examen.

Este es un buen hábito para crear. Antes de cualquier actividad, fijemos nuestra intención y mentalidad para sacar ventaja de lo que estamos por hacer.

¡Advertencia!

Los prospectos pueden sentir nuestras intenciones. Si establecemos nuestra intención como, "Tengo que meterte al negocio para ganarme mi viaje de incentivo," los prospectos lo notarán. Los humanos tienen la capacidad de olfatear a los vendedores a un kilómetro de distancia. ¿Por qué? Porque nuestras intenciones se revelan a través de nuestro lenguaje corporal, tono de voz, acciones, y las palabras que decimos.

Aquí hay una intención segura que podemos tener:

"Hoy, buscaré personas a las que pueda ayudar. Luego les daré una opción. Ellas podrán sacar ventaja de mi fabulosa opción para mejorar sus vidas. O pueden mantener sus vidas igual, si eso se siente más cómodo para ellas."

¿Las buenas noticias? Nuestros prospectos notarán esta intención y se sentirán más cómodos con nosotros.

Herramienta #9: Tiempo.

"¿Qué? ¡¿Qué?! ¿¿¿No existe Santa Claus???"

Mi compañero del jardín de niños destrozó mi mundo de niño de cinco años. Yo creía en Santa Claus. Entonces me entero de que no existe. ¡Mi compañero es un estúpido!

Me tomó unos pocos días entender esta traumática conversación. Pero tenía que cambiar mi mentalidad. Era muy duro continuar pretendiendo que Santa era real. Mis compañeros del salón se burlarían de mí.

Entre más tiempo conservemos una creencia, más tiempo nos tomará cambiarla. Nuestros cerebros disfrutan de la repetición, y nuestros cerebros detestan hacer cambios. No sólo debemos ser pacientes con nosotros mismos, sino que tenemos que ser pacientes con los demás. Ellos podrían necesitar tiempo para procesar y cambiar su mentalidad también.

¿Qué tipos de creencias limitantes podríamos tener sobre nuestra situación actual? Una vez que las notemos, podemos tomar acción para cambiarlas. Aquí hay dos ejemplos:

1. La economía está subiendo. Las personas tienen mucho dinero. No quieren escuchar mi oportunidad.

2. La economía está subiendo. Las personas tienen mucho dinero. Este es un momento asombroso para vender más productos y servicios.

◇◇◇

1. La economía está bajando. Nadie tiene dinero. Es imposible que patrocine personas nuevas.

2. La economía está bajando. Todos quieren tener más dinero. Muchas personas querrán escuchar sobre mi negocio. Este es un momento genial para construir.

Aquí está una manera más en la que el tiempo juega en nuestro favor.

Imagina que alguien tiene una mentalidad fija. Enojado con las demás personas, siempre tiene la razón. Creencias fijas.

¿Qué ocurre con el tiempo? Esto se convierte en una gran carga para llevar. Es muy difícil seguir enojado contra todo y contra todos. ¿Entonces qué ocurre?

La mente subconsciente comienza a encontrar maneras en las que puedan justificar sus cambios de mentalidad. Su mente les dice, "Hey, necesitamos liberar algo de espacio. Vamos a aceptar un poco de esa nueva mentalidad para que podamos usar el espacio con nuevos pensamientos."

Simplemente no hay suficiente espacio mental para seguir en contra de todos y de todo.

Entonces, dales algo de tiempo, y deja que el tiempo desvanezca algunos de los bordes ásperos en sus mentalidades.

Herramienta #10: Preventa.

A las personas les encanta vivir para respaldar su reputación. ¿Por qué no hacer algo de preventa? Plantemos la idea para que el nuevo miembro de nuestro equipo tenga una mentalidad de crecimiento. Comenzando nuestra conversación podríamos decir casualmente:

"Tú y yo aprendemos rápido. Crecemos y cambiamos porque buscamos aprender nuevas habilidades. ¿La gente ordinaria? Se quedan fijos en un pensamiento o creencia, y nunca pueden crecer más allá. A ti y a mí nos encanta crecer, cambiar, y aprender a un alto nivel."

El miembro de nuestro equipo verá los cambios menores de mentalidad como una mejora. Ahora el miembro del equipo no se verá amenazado o avergonzado con el cambio.

Herramienta #11:
Has que la confianza sea
a prueba de balas.

P. ¿Cuántos rechazos se necesitan para arruinar la confianza de un miembro tímido del equipo?

R. Cero. Incluso la posibilidad de un rechazo detendrá a los miembros tímidos de acercarse a los prospectos.

¿Podemos cambiar esta mentalidad de falta de confianza? Si no, los miembros tímidos del equipo mantendrán nuestro negocio, productos y servicios en secreto.

¿La solución?

Remover la posibilidad del rechazo. Ahora el aproximarse con los prospectos será completamente seguro para los miembros tímidos del equipo. Esto tomará dos pasos.

Paso #1: Crear una creencia inamovible en lo que ofrecemos.

Paso #2: Presentar nuestra oferta como una opción.

Un ejemplo.

Paso #1: Crear una creencia inamovible en lo que ofrecemos.

Imagina que vendemos energía eléctrica con descuento. Los prospectos podrían ahorrarse unos dólares cada mes al cambiarse a nuestra compañía. Eso crearía dinero gratis o "nuevo" en el bolsillo de nuestros prospectos. Después de revisar esto con los miembros tímidos del equipo, están de acuerdo en que los prospectos ahorrarían dinero.

Ahora, nuestros distribuidores tímidos tienen una decisión.

- ¿Le dejarán saber a sus prospectos que pueden ahorrar dinero? ¿Le dejarán saber a las personas que pueden tener dinero extra para sus hijos o sus pasatiempos?
- O, ¿nuestros distribuidores tímidos mantendrán en secreto estos datos y evitarán que los prospectos decidan?

Por supuesto que querrán compartir esto con cualquier prospecto que vean.

Aquí está lo mejor. Cuando tenemos una creencia del 100%, hablaremos con quien sea. No dependemos del coraje. En lugar de eso, simplemente construimos nuestra creencia. Ahora queremos compartir nuestro mensaje con los prospectos.

El coraje requiere de fuerza de voluntad. Eso es difícil. Sin embargo, una creencia del 100% nos guiará para aproximarnos con prospectos de manera natural, sin miedo.

Paso #2: Presentar nuestra oferta como una opción.

Mientras los distribuidores tímidos quieren compartir las buenas noticias de un descuento, puede que no lo hagan. Tienen miedo al rechazo. Es por eso por lo que instruimos a nuestros distribuidores tímidos a presentar los ahorros como una opción. No hay rechazo cuando le damos una opción a los prospectos. Agregamos una opción más en sus vidas. Los prospectos pueden decidir sacar ventaja de nuestra opción, o no. Los prospectos pueden tomar la decisión basados en lo que está sucediendo en sus vidas.

¿Cómo sonaría esto en la vida real? Le enseñaremos a nuestros distribuidores este pequeño guion:

"Esto te ahorrará dinero. Depende de ti si quieres ahorrar dinero, o seguir pagando de más."

Ahora nuestros miembros tímidos no se sentirán mal o avergonzados. Depende de sus prospectos elegir lo que es mejor para ellos.

¿Esta técnica funciona para nuestros productos? Sí.

¿Esta técnica funciona para nuestra oportunidad? Sí.

Estos dos pasos hacen que cambiar la mentalidad sea indoloro para los miembros tímidos de nuestro equipo

¿Quieres otro ejemplo?

Chalecos salvavidas.

Imagina que trabajamos en un bote en el río. ¿Conocemos los chalecos salvavidas? Por supuesto. Conocemos el valor de un chaleco salvavidas en las rápidas corrientes del río. Los chalecos salvavidas salvan vidas. ¿Nuestro nivel de creencia en los beneficios de los chalecos salvavidas? 100%

Mientras vamos en el río, vemos que una joven cae al río.

Si no creyéramos en el poder de los chalecos salvavidas, podríamos dudar en ofrecerle un chaleco salvavidas a la mujer. Podríamos mantenernos en silencio, no hacer nada y pensar:

- ¿Qué tal si la mujer dice "no" a mi oferta de un chaleco salvavidas?
- ¿Qué tal si me rechaza?
- ¿Qué pensarán los demás de mí?
- ¿Qué tal si estoy equivocado y ella no se está ahogando?
- ¿Qué tal si el chaleco no es suficiente para salvarle la vida?

Podríamos crear muchas excusas para no ofrecer el chaleco salvavidas.

Pero tenemos una confianza del 100% en el poder de los chalecos salvavidas. Sabemos que salvan vidas. No dudamos en ofrecerle el chaleco a la mujer.

Podríamos hacer que tomar el chaleco sea una opción. No la obligamos a tomar el chaleco.

La mujer ahora tiene la opción de aceptar nuestra oferta o no. No estamos vendiendo nada. No queremos presionar. Le permitimos a la mujer tomar la decisión sobre lo que es bueno en su vida.

Ella podría decir, "¡Sí! Arrójame el salvavidas. Me estoy ahogando. Gracias por darme la opción."

O podría decir, "No, gracias. Soy una nadadora olímpica. Estaré bien, pero gracias por preocuparte."

Cuando tenemos una fuerte creencia en lo que ofrecemos, hablaremos con todos y nunca dudaremos.

Si dudamos o prejuzgamos a los prospectos antes de hablar con ellos, significa que se necesita un cambio de mentalidad. Queremos cambiar nuestra mentalidad a, "Sé que mi oferta le ayuda a las personas. Les daré la opción de tomar mi oferta de mejorar sus vidas. También les permitiré rechazarla."

¿Otro ejemplo de construir creencia para obtener confianza?

Imagina que vendemos productos financieros. Si somos nuevos, podríamos tener esta historia en nuestras cabezas:

"Nadie quiere comprar un seguro. Nadie puede costear ahorrar para su retiro. Nadie me dará una cita. Si me acerco con las personas, me acusarán de ser un vendedor de seguros y me rechazarán."

¿Qué es lo que nos frena al aproximarnos con los prospectos? Nuestra creencia en lo que ofrecemos. Apliquemos nuestra fórmula de dos partes para la confianza: creencia + opciones. Podemos aprender a usar un enfoque más suave con nuestros prospectos. Decimos:

"Yo no quiero tu dinero. El gobierno es quien quiere tu dinero. Puedes seguir dándole al gobierno ese dinero extra en tus impuestos cada mes, o te puedo ayudar a usar ese dinero para tu jubilación. La decisión es tuya."

Esta opción lo hace fácil para que los prospectos tomen una decisión instantánea de "sí" o "no."

Herramienta #12:
No esperes a la perfección.

Las personalidades verdes quieren lograr la perfección antes de intentar cualquier cosa. Ellos estudian, planean, ensayan, y se retrasan al tomar acción. ¿Por qué? Ellos buscan la perfección. Le temen a los errores. Las personalidades verdes hacen un esfuerzo extra al moverse a una mentalidad de crecimiento.

La pregunta es, "¿La perfección llegará algún día?" Por supuesto que no. El camino hacia la perfección no tiene un final. Siempre continúa. No importa qué tan buenas sean nuestras habilidades, siempre podemos mejorar. Si esperamos la perfección, bueno, la perfección nunca llegará.

Las personalidades verdes disfrutan de los hechos y los datos. Una manera de mejorar sus mentalidades fijas es hacerles cumplidos en sus deseos de aprender. Después tendremos afinidad. ¿Cuál es el siguiente paso? Les pedimos que prueben lo que aprendieron interactuando con prospectos. Les decimos que recolecten más datos sobre cómo reaccionan las personas.

¿Qué ocurre? Las personalidades verdes de hecho hacen algo. Tienen nuevas experiencias que generan más crecimiento. Cuando nos aproximamos a las personalidades verdes de esta manera, ellas no tomarán los fracasos ni el rechazo personalmente. En lugar de eso, lo considerarán como recolección de datos. Ahora ya no es personal.

Herramienta #13:
Evitar los atajos de sobornos.

Mi amigo, Al Cash, vendía automóviles. Cada venta le dejaba alrededor de $500, así que por supuesto que quería hacer más ventas. Después de asistir a un poderoso entrenamiento de ventas, decidió usar sobornos en efectivo para conseguir referidos.

Primero probó con $50 por referido. Nadie le dio referidos. Luego, subió la recompensa por referido a $100. Nadie la tomó. ¿$250? Nadie la tomó. ¿$500 por una referencia? Nadie estaba interesado. Al Cash no podía encontrar dónde estaba el problema.

Le dije a Al Cash, "Los referidos deben de ganarse. Los referidos son recompensas por nuestro servicio ejemplar. Si la experiencia de compra de nuestros clientes es asombrosa, compartirán esa experiencia con sus amistades."

Al Cash cambió su mentalidad acerca del proceso de venta. Su vieja mentalidad era, "Negociar, sacar el mejor precio por el coche, cerrar al prospecto y pulverizar objeciones."

¿Su nueva mentalidad? "Haz que esta experiencia de compra de auto sea la experiencia con menos estrés e increíble para mis prospectos."

Al Cash cambió su intención. Los prospectos se relajaban, conversaban y se hacían sus amigos. Se sentían tranquilos con esta gran compra. Pero aquí está lo que él hizo después.

Tomó $50 de su comisión e invirtió ese dinero en listones y decoración. Luego, iba a casa de sus clientes nuevos, y los ayudaba a colocar listones gigantes y otras decoraciones sobre sus autos nuevos. Ahora sus autos estaban estacionados en la calle adornados para que todos los vecinos los vieran.

¿Al Cash ganó más referidos? ¡Claro!

Todo lo que hizo falta fue un cambio de mentalidad de vender coches a servir prospectos.

Herramienta #14: No te rindas. Cambia.

En los negocios, suceden cosas. Muchas de estas cosas no son buenas. Algunas ocasiones es algo desastroso.

¿Nuestro desastre actual de negocios asesinará nuestro negocio? ¿O buscaremos oportunidades dentro del desastre para sobrevivir y crecer? Depende de nuestra mentalidad.

Recuerda, podemos elegir nuestra forma de pensar. No cuesta nada decidir.

Aquí está un ejemplo de un restaurante que cerró su comedor debido a un cierre local por la pandemia.

El dueño pudo haber elegido esta mentalidad: "No más clientes. No puedo pagarle a mi personal. ¿Cómo pagaré mi renta? ¡Estoy acabado!" Sí, esta es una mentalidad legítima que un dueño de restaurante pudo elegir. De hecho, muchos dueños de restaurante decidieron tomar esta mentalidad.

Sin embargo, este dueño eligió una mentalidad diferente para tal situación. Él pensó, "Las personas todavía quieren comer. Muchos están demasiado ocupados para cocinar. A las personas les encanta mi comida. Ahora es el momento de hacer que mi comida esté disponible en línea para entrega a domicilio. Comenzaré un servicio para que la gente recoja pedidos en la acera. Déjame revisar si es legal colocar un comedor al aire libre en la parte trasera del restaurante. Sé que muchos restaurantes cerrarán, así que la demanda será alta. Déjame ser la primera persona que tome acción en esta situación con este virus. Las recompensas se van con quienes toman acciones positivas."

Durante la misma situación de pandemia, muchos agentes de bienes raíces cambiaron a tour virtuales de la propiedad y chats online con prospectos. Los humanos se pueden ajustar. Sólo necesitamos que nos den la oportunidad.

Decidimos cómo reaccionaremos ante las situaciones al ajustar nuestras mentalidades.

En este tiempo, recibí una llamada de un empresario de redes de mercadeo que vende servicios básicos. La conversación fue algo así:

Empresario: "No puedo reunirme con los prospectos en vivo. ¿Cómo puedo construir mi negocio?"

Yo: "¿Qué haces ahora cuando los prospectos viven demasiado lejos como para verlos en persona?"

Empresario: "Con ellos, llamo por teléfono."

Yo: "Entonces nada cambia. Todo sigue igual. Continúa llamando a tus prospectos por teléfono o por video llamada."

Empresario: "Oh."

Yo: "¡Ups! Me equivoqué. Las cosas han cambiado. Primero, encontrarás muchos más prospectos en casa. Esto hará que patrocinar sea más fácil. Segundo, más personas tendrán una mente abierta sobre una oportunidad de ganar un segundo ingreso. Esto se está poniendo mejor. Tercero, más personas querrán ahorrar dinero en sus servicios básicos. Estarán más receptivos a tus llamadas. Cuarto, el tiempo que normalmente pierdes en traslados para reunirte con personas ahora será tiempo libre para ti. Así que, tienes razón. Las cosas cambiaron. Esto luce bastante asombroso."

Ahora, el empresario tenía una decisión.

Opción #1: ¿Conservo mi mentalidad negativa y renuncio?

Opción #2: ¿Saco ventaja de esta oportunidad de oro para construir mi negocio sin salir de casa?

Dejé la decisión con el empresario.

Herramienta #15:
El problema no es el problema.

El problema es nuestra mentalidad y cómo reaccionamos al problema.

El éxito en los negocios no viene de la falta de problemas. Todos los negocios tienen problemas. Los restaurantes tienen empleados que no se presentan a trabajar. Los mecánicos tienen coches que se descomponen inmediatamente después de una revisión. Los hoteles tienen huéspedes que destruyen habitaciones. Aún así, todos estos negocios pueden ser exitosos.

Cuando los nuevos miembros del equipo anticipan los problemas, no los ven como problemas. Verán que los problemas son algo normal. Significa que cuando ocurre un problema, no tenemos que disculparnos y correr a resolverlo. En lugar de eso podemos decir, "¿Ves? Este sólo es otro de los muchos problemas que podemos esperar."

Es más fácil tranquilizar a los nuevos miembros si anticipan el problema con nuestras advertencias. Nuestro trabajo es darle a nuestros nuevos miembros expectativas realistas. Entonces, cuando los problemas ocurran, no estarán estresados y no reaccionarán en exceso.

Considera esta historia:

"El presentador de la reunión ofreció darle a todos los asistentes $200 cuando la reunión termine. Ahora los asistentes podrán cubrir sus gastos de transportación, ir por una buena cena, etc. Al final de la reunión el presentador le da a todos sólo $10. ¿Cómo se sienten los asistentes? Molestos. Engañados.

"Ahora, ¿qué tal si el presentador de la reunión no ofrece nada? Sin embargo, al terminar la reunión, le da a todos $10 para tomar un café elegante camino a casa. Los asistentes se sienten sorprendidos y agradecidos.

"Date cuenta de que fueron los mismos $10 en cada ejemplo. Sin embargo, debido a que sus mentalidades y expectativas eran diferentes, los resultados cambiaron dramáticamente."

Entonces, ¿cómo preparamos a los nuevos miembros del equipo para los problemas y el rechazo? Les dejamos saber que pueden esperar problemas y rechazo. Estos sucesos son comunes.

Aquí hay algunos ejemplos de cómo preparar sus mentalidades para los problemas. Les decimos que esperen lo siguiente:

- Escepticismo.
- Mensajes telefónicos ignorados.
- Prospectos temerosos que cancelan citas a último minuto.
- Familiares que nos dicen que dejemos de soñar.
- Amistades que se burlan.
- Personas desmotivadas que dicen, "Mejor esperaré a ver."

Reforcemos que la mayoría de estos problemas provienen de las experiencias del pasado de nuestros prospectos. No tienen nada que ver con nosotros. Nuestra mentalidad debería de ser, "Les doy a los prospectos una opción extra para mejorar sus vidas. Depende de ellos tomarla o no, dependiendo de sus experiencias pasadas."

Nuestra mentalidad debería de ser que las experiencias pasadas de las demás personas son su carga. Nuestro trabajo no es jugar al psicólogo y cambiarlos. Nosotros sólo le ofrecemos a los prospectos una mejor vida.

Herramienta #16: Alarmas y activadores.

Los propósitos de año nuevo son geniales por unos 10 minutos.

¿Luego qué sucede?

Nos olvidamos de las metas que fijamos mientras la vida nos domina. Es difícil mantener nuestros propósitos de año nuevo al centro de nuestra mente consciente.

Lo que necesitamos es una alarma o un activador que nos recuerde nuestra nueva mentalidad. Tomará muchas repeticiones cambiar nuestros modos de pensar que hemos llevado por toda la vida. Aquí está un ejemplo de una alarma.

Asistía un seminario de desarrollo personal. El presentador dijo que si nos castigamos por nuestro comportamiento negativo, con el tiempo dejaremos de hacer ese comportamiento. ¿Era cierto? No lo sabía, pero tenía una mentalidad de crecimiento, así que estaba dispuesto a probar el reforzamiento negativo.

El líder del seminario nos dijo que pusiéramos una liga en nuestra muñeca. Cuando tuviéramos un pensamiento negativo, se suponía que tendríamos que jalar esa liga con fuerza y dejar que nos golpeara en la muñeca.

Sí, dolía. Después de unas pocas horas, tuve que cambiar la liga y ponerla en mi otra muñeca.

Después de un día, tuve que remover la liga antes de dañar permanentemente mis muñecas. Aprendí dos cosas:

1. Tenía demasiados pensamientos negativos sobre los que necesitaba trabajar.

2. Necesitaba encontrar una alarma menos dolorosa para poder continuar.

Mi mentalidad de crecimiento me ayudó a través de este y otros intentos de mejorar mi mentalidad. Cuando comencé, tenía mucho camino por recorrer para corregir mi manera de pensar.

¿Podríamos tener alarmas y activadores positivos?

Sí. Probemos con esto.

Fijaremos una alarma de recompensas. Cada vez que tengamos un pensamiento positivo, podremos comer un trozo de chocolate. El chocolate es una recompensa inmediata en muchos niveles, físico y mental.

Aquí están las buenas noticias. Sabremos que nuestra mentalidad más positiva está funcionando cuando ganemos peso. Está bien, hay una desventaja con esta recompensa, pero tuvimos progresos, ¿no es así?

Herramienta #17: "¡Todavía!"

Podemos entrenar nuestras mentes para una mentalidad de crecimiento con la simple palabra, "todavía."

Al agregar "todavía" al final de nuestras declaraciones de mentalidad fija, le decimos a nuestras mentes que podemos aprender cómo cambiar en el futuro. Aquí hay algunos ejemplos.

- "No sé cómo andar en esta bicicleta todavía."
- "No puedo hablar inglés todavía."
- "No he patrocinado a mi primer líder todavía."
- "No he patrocinado al primer miembro de mi equipo todavía."
- "No he aprendido cómo hablar en público todavía."
- "No me siento cómodo hablando con desconocidos todavía."

Sólo toma una palabra ponernos de regreso en una mentalidad de crecimiento.

Podemos crear nuestro propio juego "todavía." Cuando escuchemos a un miembro del equipo poner restricciones sobre sus habilidades, podemos agregar la palabra "todavía" con una enorme sonrisa. Esto puede ser divertido para todos, y es una oportunidad para enfocarnos en nuestra mentalidad de crecimiento.

Herramienta #18: Curiosidad.

La curiosidad nos coloca en una mentalidad de crecimiento. Sí, todo lo que debemos de hacer es tener más curiosidad. Aquí hay algunos ejemplos de afirmaciones de curiosidad que podríamos usar:

- "¿Qué pasaría si pruebo esto?"
- "Déjame estudiar esto más para obtener nuevas ideas."
- "Otros tienen éxito con esto. Me pregunto, ¿cómo lo hacen?"
- "Muchas personas tienen los mismos problemas que yo. ¿Cómo los manejan?"
- "Vamos a crear un nuevo futuro. Veamos qué ocurre cuando hago esto."

La curiosidad también nos hace más inteligentes. A las personas les gusta estar cerca de nosotros si tenemos una mentalidad de crecimiento y curiosidad acerca de otros puntos de vista y opiniones. Nos encantan los amigos que tienen una mente abierta en lugar de una mente cerrada.

Decimos, "Estoy a favor de una aventura." ¿Qué le hace eso a nuestra mentalidad? Significa que está bien si las cosas no funcionan. Le damos permiso a la aventura de llevarnos a algún lugar nuevo. No permitimos que una mentalidad fija nos detenga.

Herramienta #19: No dejes que el pasado tenga más peso que el presente.

Los humanos recuerdan cosas malas de su pasado. Tenemos que recordar que teníamos menos habilidades y menos consciencia en el pasado.

Por ejemplo, cuando aprendimos a caminar, nos caímos muchas ocasiones. Esas son muchas impresiones negativas en contra de caminar. ¿Pero qué hay del presente? Podemos caminar muy fácilmente ahora, así que deberíamos de ignorar estas experiencias negativas del pasado.

¿Qué tal si tuvimos muchas experiencias negativas hablando con prospectos? Esas experiencias son de nuestro pasado. ¿Somos más listos ahora? ¿Tenemos mejores habilidades? ¿Entendemos mejor? Por supuesto.

Deberíamos decirnos a nosotros mismos, "Soy mejor hablando con prospectos ahora de lo que era en el pasado."

Si queremos mejorar nuestra mentalidad de crecimiento, ¿qué más podríamos decirnos? "Continuaré aprendiendo y teniendo éxito mientras gano más experiencia."

Evitemos mentalidades fijas tales como, "Así nací. Nunca aprenderé."

Decidir tener una mentalidad de crecimiento nos puede ayudar a superar el miedo a salir adelante.

Herramienta #20: Distracción sobre fuerza de voluntad.

Todos los días camino por 50 minutos (excepto los 4 o 5 días por semana que pierdo).

No tengo una buena relación con el ejercicio. Es aburrido, repetitivo y doloroso.

Para hacer lo mínimo por mi salud, hice una cita con mi médico para una revisión. Ahora es mi ex-médico.

Todo lo que hizo fue quejarse sobre mi dieta de pizza y rosquillas. Tampoco era un buen escucha. Ni siquiera respondió mi pregunta sobre si debía de agregar más queso a las pizzas.

Entonces, tomando mi salud en mis competentes manos, me comprometí a relajadas caminatas de 50 minutos durante el atardecer.

Esto requeriría de fuerza de voluntad. No tengo nada de eso.

¿Qué puedo hacer para que esas caminatas tortuosas de 50 minutos sean menos dolorosas?

Escucho conferencias sobre ciencia cerebral. Me fascinan.

Ahora, esta es mi rutina. Cargo varias conferencias en mi teléfono. Luego, tomo una tranquila caminata de 50 minutos escuchando discusiones sobre ciencia cerebral al doble de velocidad.

Y funciona. Espero escuchar a mis científicos cerebrales favoritos. Y ni siquiera me doy cuenta de que estoy caminando. Esto ya dejó de ser aburrido.

Cualquiera puede hacer esto.

La ciencia del cerebro puede que no sea nuestro tema favorito para escuchar conferencias. Pero, podríamos escuchar un audiolibro sobre desarrollo personal? ¿Nuestra música favorita? ¿O contar este tiempo de caminata como meditación activa?

Ahora, hay algunas personas que de hecho disfrutan de hacer ejercicio. Tal vez detesten leer libros para desarrollar sus habilidades. ¿Qué podrían hacer?

Fácil. Hacer lo que disfrutan. Ejercicio. Pero mientras hacen ejercicio, podrían escuchar la versión en audio de una lección de habilidades o un libro de motivación.

Si nuestra meta o la disciplina que deseamos requiere que hagamos cosas que odiamos, hagamos algo al respecto. No queremos ser la víctima y decir, "Oh esto es muy difícil. No puedo hacer esto."

En lugar de eso, tomemos el control de nuestra mentalidad y tengamos un plan para llegar al éxito. Y si necesitamos distracciones, usémoslas.

Herramienta #21:
Un evento no nos define.

Las personas con mentalidades fijas creen que un evento en el pasado puede determinar sus futuros.

Bien, un evento en el pasado no nos define para siempre. Aquí hay un ejemplo.

A las 3 am, nuestro patrocinador nos llama, ¡pero estamos dormidos! Nuestro patrocinador piensa, "No tienes motivación. Eres un perezoso."

Hey, este es sólo un evento. A las 10 am podríamos ser la persona más productiva del mundo.

Podemos liberarnos de nuestras cargas del pasado. Podemos descartar las cosas estúpidas que hicimos anteriormente en nuestras vidas. Podemos comenzar de cero el día de hoy. Es nuestra decisión.

No dejemos que nuestro pasado defina nuestra mentalidad para hoy y para el futuro.

MENTALIDAD: PROBLEMAS VS. OBJETOS BRILLANTES.

Mientras revisamos nuestra caja de herramientas, este pensamiento podría cruzar nuestras mentes.

"¿Qué tal si cambiara mi mentalidad acerca de la prospección?"

La respuesta es, "¡Eso es brillante!"

¿Qué fue lo que aprendimos en la sección de herramientas de este libro? Aprendimos que cambiar la manera en la que vemos las situaciones crea posibilidades nuevas. Aquí está la mentalidad actual de muchos empresarios de mercadeo en red:

"¿Dónde puedo encontrar buenos prospectos?"

La respuesta es, "Cambia tu mentalidad. Deja de buscar buenos prospectos."

¿Eh?

Sí. Deja de buscar personas listas para unirse a nuestra oportunidad. En nuestros grupos de discusión, a menudo recibimos esta pregunta de principiantes: "¿Dónde puedo encontrar prospectos en Internet que quieran unirse a mi negocio?"

La respuesta, por supuesto, es, "No puedes." Nadie está sentado en Internet, mirando videos de gatos, y buscando unirse a la red de mercadeo de alguien.

Si en Internet hubiese un grupo de personas listas para unirse, nuestras compañías no nos necesitarían. Podrían contactar a estas personas directamente.

Vieja mentalidad: "Tengo que salir a prospectar y buscar personas que quieran unirse a mi negocio."

Estas personas son difíciles de encontrar. No quieren escuchar presentaciones de venta. No quieren ver videos corporativos de nadie. No quieren hacer citas. Tratar de encontrar alguien que encaje perfectamente y quiera hacer nuestro maravilloso negocio es muy difícil.

Aquí tienes el porqué esta mentalidad está equivocada.

Nosotros amamos nuestras compañías. Amamos nuestro "objeto brillante."

¿Pero los demás? Ellos no quieren que intervengamos con su día al tratar de venderles nuestro objeto brillante. A ellos no les importamos ni lo que estamos tratando de vender. A ellos solo les importan ellos mismos. Así es, las personas son egoístas.

Las personas están más preocupadas con sus problemas de lo que están con los maravillosos beneficios de nuestros fabulosos objetos brillantes. Nosotros lo sabemos. Recibimos mensajes todo el tiempo de parte de empresarios en redes que intentan vendernos sus maravillosos beneficios.

Todos suenan como esto:

◇◇◇

Acabo de comenzar con una nueva oportunidad que va despegando. Las personas en mi línea de auspicio ya son ricas y ganan 12 cifras por año. Dejaron todo lo que habían construido para unirse a esta nueva compañía y ser mis mentores. Me prometieron riquezas con la ayuda de su increíble sabiduría.

En todos mis años haciendo negocio, nunca había visto una oportunidad así de gigantesca. Seremos los únicos en un mercado nuevo que vale miles de billones de dólares. Esto está tan bueno, que tenemos que buscar a otros para construirlo. Así que estoy en busca de líderes que quieran dejar atrás sus compañías, y unirse conmigo para que pueda ganar más dinero. Y, escucha esto, sólo 400,000 personas saben acerca de esta compañía el día de hoy. ¡El cielo es el límite!

Aquí están nuestros objetos brillantes que amarás:

- Pagos mensuales.
- Pagos semanales.
- Pagos diarios.
- Pagos por hora.
- Pagos instantáneos (pronto).
- Pagos antes de hacer nada (en versión beta).
- Sin trabajar.
- Sin reclutar.
- Sin autoenvío.
- Sin vender.
- Productos en varios colores.

- 21 maneras diferentes de ganar.
- Bonos de inicio rápido.
- Bonos de inicio lento.
- Bonos de inicio en falso.
- Retención del 100%. Nadie se va ni renuncia nunca.
- Sólo 400,000 personas saben de esto.
- Gana mucho dinero por hacer nada.
- Ingreso pasivo para todos.
- Bonos de igualación por el mínimo esfuerzo.
- Videos corporativos con actores reales.
- Una presentación PowerPoint de 67 diapositivas única en su tipo.
- Nuestro sistema único trabaja por sí solo. No necesitas mover un dedo.
- Costo único de entrada.

Si te envío una invitación para una llamada de 60 minutos, sólo para líderes, ¿estarías interesado en darle un vistazo a nuestro sensacionalismo?

◇◇◇

Ah, ahora sabemos por qué es tan difícil encontrar prospectos y convencerlos de que revisen nuestro negocio. Estamos vendiendo nuestros brillantes beneficios. A ellos no les importa.

Nueva mentalidad: "Necesito encontrar prospectos con problemas."

Bueno, ¿qué tan fácil es eso? ¡Muy fácil!

¡Los prospectos con problemas están en todas partes! No tenemos que buscar muy lejos.

Cuando hablamos con prospectos, nuestro primer deseo es contarles todo sobre nuestros maravillosos beneficios. Los ojos de nuestros prospectos se ponen vidriosos y activan sus alarmas contra vendedores.

En lugar de eso, vamos a ayudar a nuestros prospectos a encontrar sus problemas más incómodos. Luego, seleccionamos uno de esos problemas con el que podamos ayudarles. Y finalmente, les preguntamos si ahora es un buen momento para resolver ese problema.

Si la respuesta es "sí," ahora podemos hablar directamente con prospectos de mente abierta que están listos para escuchar nuestro mensaje.

Si queremos resolver problemas...

1. Los prospectos aparecen en todas partes.

2. Los prospectos nos adoran por que quieren ayuda para resolver sus problemas.

3. Las conversaciones se hacen fácilmente. Nada de ventas.

4. Los prospectos leen nuestras intenciones.

Y el cambio de mentalidad tarda... ¡un segundo! (Y sí, este cambio de mentalidad es totalmente gratuito.)

Dejaremos nuestra competencia amateur muy atrás, tratando de vender sus brillantes objetos y sus beneficios. Si nuestro equipo no puede encontrar prospectos, ahora sabemos cuál es el problema. Deben de cambiar su mentalidad de "objetos brillantes" a "ayudar a que las personas resuelvan sus problemas."

EL RETO DE LOS "CHAMPIÑONES MALOS."

La semana pasada encontré algunos champiñones perdidos en el refrigerador. Lucían como que habían envejecido bien detrás del tofu del mes pasado.

Pero los champiñones tenían un hongo verde extraño creciendo en la superficie. La ironía.

Y mi pregunta fue, "¿Debería dar el paso y comer estos champiñones con hongos para enfrentar mis miedos? ¿O debería jugar a la segura y sólo comer las rosquillas del día?"

Bueno, todos hemos escuchado alguna versión de este dicho, "Enfrenta tus miedos, ¡y tus miedos se irán!"

Levanté mi mentón. Respiré profundo. Y me lancé. No hace falta desperdiciar comida con hongos. Abracé el reto.

¿Qué ocurrió?

Pérdida masiva de peso. Calambres desgarradores. Náusea. Hice la promesa de que, si sobrevivía, nunca más escucharía audios de motivación.

Ahora, así es como aprendemos y desarrollamos programas en nuestras mentes. En este caso, una mala experiencia programa nuestras mentes para evitar decisiones estúpidas con alimentos llenos de hongos en el futuro.

Y eso es lo que ha pasado con nuestros prospectos. Como yo, tomaron decisiones precipitadas de asistir a juntas de oportunidad y comenzar sus negocios. Sus esfuerzos fueron recompensados con desastre. Su patrocinador no les enseñó frases probadas para comenzar. Aprendieron habilidades para sus empleos cotidianos, pero nunca aprendieron habilidades para sus nuevos negocios. Sus amigos, familia y compañeros de trabajo los despedazaron.

Desagradable. Y ahora tienen este programa de nunca más hacer redes de mercadeo jamás.

Hay dos maneras de aproximarnos con estos prospectos desanimados:

1. Explicar que no todas las experiencias en mercadeo en red terminan mal. Que nosotros somos diferentes. Que nuestra compañía es mejor. Invitarlos a ver nuestra brillante presentación. O,

2. Escuchar a nuestros prospectos desanimados y conocer sus problemas. Los problemas motivan a los prospectos a actuar. Si podemos mantener el enfoque de nuestros prospectos sobre resolver sus problemas, sus programas negativos contra redes de mercadeo se desvanecen en el fondo. Ahora nos están escuchando.

Podemos elegir qué enfoque tomar. Yo prefiero el enfoque #2. Escuchar hace que todo se facilite y nos libramos de rechazos.

HISTORIAS PARA CAMBIAR NUESTRA MENTALIDAD.

Nuestras historias para cambiar mentalidad no tienen que ser largas. Pueden ser breves como esta:

El Patrocinador Inútil reclutó a sus dos vecinos.

Vecino #1 fracasó miserablemente. Él dijo, "¿Cómo puedo ser exitoso? Mi Patrocinador Inútil hace todo mal. No tengo oportunidad."

Vecino #1 tenía una mentalidad fija.

Vecino #2 Se convierte en uno de los que más ganan en la compañía. Él dijo, "Fue fácil tener éxito. Observé todo lo que hacía mi Patrocinador Inútil, y me decidí a nunca hacer esas cosas."

Vecino #2 tenía una mentalidad de crecimiento.

¿Por qué usamos historias para cambiar mentalidades?

Por que todos aman las historias. Las personas escuchan y recuerdan nuestro mensaje cuando contamos una historia. Podemos ilustrar cómo los cambios de mentalidad crearán nuevas experiencias

A Keith y a mí nos encanta esta cita:

"Las historias son como explicamos cómo funcionan las cosas, cómo tomamos decisiones, cómo justificamos nuestras decisiones, cómo persuadimos a otros, cómo entendemos nuestro lugar en el mundo, creamos nuestras identidades, y refinamos y enseñamos valores sociales."

- Dr. Pamela Rutledge, Director, Media Psychology Research Center

Comencemos con algunas historias cortas que podemos usar para nuestro siguiente reto de mentalidad.

Historias cortas.

"Cuando comencé en los negocios, tenía una mentalidad fija. Yo creía en todo lo que me enseñaron en la escuela de negocios. Eso no funcionó. Sentía como que estaba tratando de usar una llave en la cerradura equivocada. (¿Notaste la analogía?) Las lecciones de contabilidad y administración funcionan a la perfección en los libros. ¿Pero cuando agregas personas a la ecuación? ¡Oh, rayos! Aprendí a cambiar mi mentalidad fija a una mentalidad más abierta al crecimiento. Tenemos que ajustarnos a nuestra realidad de hoy."

◇◇◇

"Yo creía que las arrugas llegaban con la edad. Luego conocí a Mary. Ella tenía 58 años de edad y ninguna arruga. Tuve que cambiar mis creencias y mi mentalidad sobre las arrugas. Estaba viendo el rostro de la evidencia frente a frente."

◇◇◇

"Mis padres me dijeron que consiguiera un préstamo, que asistiera a la universidad, consiguiera un trabajo de nivel básico en una empresa grande, que trabajara horas extras para conseguir un asenso y que me jubilara con una pensión. Apenas a los siete años de carrera, mi compañía se fue a la quiebra. Tuve que crear una nueva mentalidad para el mundo de hoy. Es por eso por lo que comencé mi propio negocio de redes de mercadeo de medio tiempo."

◇◇◇

"Mi hija me preguntó, 'Papá, ¿por qué no puedes cambiar cómo piensas? Ya no es 1970. Los 70s no regresarán. Es momento de que tengas una nueva mentalidad. Ya existen los celulares y el internet.'"

◇◇◇

¿Notas la tendencia? Estas historias no tienen que ser largas. Cada historia es acerca de nosotros. No ponemos a los prospectos a la defensiva. Cada historia ilustra un cambio de mentalidad.

A los humanos les encantan las historias. Descubrimos lecciones importantes en ellas. Podemos aprender sobre las experiencias buenas y malas de los demás de forma segura, sin tener que experimentar estos eventos por nosotros mismos.

Cuenta una historia. Los demás escuchan. Deja que la historia se escabulla por entre los prejuicios y los filtros de mentalidad para agregar una pieza más de información dentro de sus mentes. Las historias entran directamente a su mente, pero no son amenazantes.

¿Recordamos historias de nuestra infancia? ¿Cuentos de hadas? ¿Canciones de cuna? ¿Eventos que nos ocurrieron en la primaria? ¡Sí!

No podemos recordar datos, pero podemos recordar historias. Eso debería ser una pista.

Las historias crean emoción. ¿No lo crees? Nota como lloramos durante una película. Sabemos que la historia es ficticia, que sólo son pixeles sobre una gran pantalla, y todo es falso. Pero lloramos, nos reímos y celebramos. Las emociones nos mueven. Las emociones nos hacen cambiar.

¿No serían las historias una manera genial de cambiar la mentalidad de alguien?

¿Algunos ejemplos?

¿Qué tal ayudar a un miembro del equipo que está buscando un atajo? Aquí está la historia:

◇◇◇

Los estudiantes de medicina no se hacen médicos por pasar tiempo en redes sociales buscando publicaciones divertidas. Toman muy en serio el aprender su nueva profesión. Leen libros, asisten a clases y practican.

Nasir Queshi agrega que los estudiantes de medicina no ganan un centavo por años mientras estudian para ser médicos. ¿Pero los empresarios de mercadeo en red? Podemos ganar un ingreso mientras continuamos aprendiendo nuestra nueva profesión. Nasir dice, "Es un negocio donde aprendes y ganas. ¡Entre más aprendemos, más ganamos!"

Sería una locura decir, "Quiero convertirme en piloto comercial. ¿Hay algún video en YouTube o un atajo en redes sociales?"

Nasir en un profesional.

◇◇◇

Podemos dar un respiro. Las historias están en todas partes.

Ahora, pensemos en los retos de mentalidad que los miembros de nuestro equipo podrían tener. ¿Hay una historia en algún lugar que nos ayude a abrir nuestras mentes a otras posibilidades?

◇◇◇

Kevin Marino comparte esta historia de mentalidad con nosotros:

- Nos graduamos de la carrera con $100,000 en deudas. Las personas aplauden, celebran, e incluso nos abrazan.
- Nos casamos y gastamos más de $30,000 en un día. Las personas aplauden, celebran, e incluso nos abrazan.
- Recibimos un préstamo por $400,000 para comprar nuestra primera casa. Las personas aplauden, celebran, e incluso nos abrazan.
- Recibimos un préstamo por $40,000 para un auto nuevo. Las personas aplauden, celebran, e incluso nos abrazan.

¡Esos son $570,000 en deudas! La mayoría de las personas se están ahogando en deudas, pero se sienten bien por ello porque los otros lo celebran.

Ahora, ve y dile a esas mismas personas que celebraron por tus deudas que acabas de gastar unos pocos cientos de dólares para comenzar tu propio negocio. ¿Su respuesta?

- "Oye, ¿estás seguro?"
- "¿Y qué harás si eso no funciona?"
- "Mmmm... No creo que esas cosas funcionen."
- "¿Crees que te podrían regresar ese dinero?"
- "Conozco a alguien que le fue mal, escucha..."

Imagínate un balde sin tapa, lleno con cangrejos. Los cangrejos nunca escapan del balde. En el momento que un cangrejo trata de salir del balde, los otros cangrejos lo jalan para abajo.

Presta atención a las personas con las que te rodeas, y con quienes conversas sobre tu vida. ¡Está bien soñar en grande!

◇◇◇

Cambiando una mentalidad arraigada.

Nuestros nuevos miembros del equipo insisten en dar presentaciones completas a sus prospectos. ¿Los resultados?

- Se sienten como vendedores.
- Los prospectos se rehúsan a abrir tiempo para largas presentaciones.
- Conseguir citas es difícil.

- Los miembros del equipo se quejan por no tener tiempo suficiente.
- Los nuevos miembros del equipo se quejan de las diapositivas de PowerPoint.
- Forman un sindicato para presionar por videos corporativos más largos y mejores.

Vemos el problema. Los nuevos miembros de nuestro equipo tienen mentalidades fijas.

Todas sus vidas les dicen, "Los prospectos toman decisiones basados en información." Esta afirmación se repite una y otra vez. Sabemos que la mente humana sucumbe ante la repetición. Nuestros nuevos miembros creen que tienen que dar presentaciones mejores y más largas para obtener decisiones.

¿Cómo corregiremos sus mentalidades fijas? Con una poderosa historia, por supuesto.

◇◇◇

Vamos a comprar los víveres. Estamos en el pasillo #4 del supermercado. El primer artículo que vemos es una caja de cereal. Tenemos que tomar la decisión de comprarla o no comprarla. Nuestra mente está pensando:

"Me pregunto si el fabricante de este cereal tiene un video corporativo. ¿Qué tan detallado será? ¿Este cereal será natural, supernatural, o internacional? ¿Dónde puedo descargar el PowerPoint? Quiero saber, ¿quiénes son los fundadores de la empresa? ¿Habrán ganado algún galardón últimamente? Necesito más testimonios para decidir. ¿Qué tecnología patentada tienen en este cereal?"

Por supuesto que no hacemos esto. Tomamos una decisión instantánea de "sí" o "no." No necesitamos la historia completa. Si hiciéramos esto con todos los artículos del pasillo #4, moriríamos de inanición antes de terminar la mitad del pasillo.

En lugar de esto, como humanos, tomamos una decisión instantánea. Si nuestra decisión es un "no," avanzamos. No necesitamos saber más. Si nuestra decisión es un "sí," entonces, y sólo entonces, querremos reunir más información para respaldar nuestra decisión. Nota que no necesitamos saber toda la información. Sólo la información relevante que nos hará sentir cómodos con nuestra decisión.

Para tomar una decisión, preguntémonos:

- "¿Necesitamos un video?"
- "¿Necesitamos una presentación de PowerPoint?"
- "¿Necesitamos folletos y panfletos?"

¡No!

Y tampoco nuestros prospectos.

Respetemos su tiempo. Dejemos que tomen decisiones instantáneas de "sí" o "no" basados en nuestras primeras frases. Así es como funcionan nuestras mentes. Deberíamos de respetar esto. Así tomamos decisiones nosotros también.

◇◇◇

¿Por qué esta historia ayuda a cambiar mentalidades?

Primero, podemos relacionarnos con la historia. Todos han ido al supermercado a comprar comida.

Segundo, los colocamos dentro de la historia. Se visualizaron a sí mismos dentro de la historia.

Tercero, experimentaron el tener que tomar una decisión instantánea. Eso lo hizo real.

¿Esta sola historia será suficiente para cambiar sus mentalidades? No. Les daremos más ejemplos y les contaremos más historias para cambiar sus mentalidades de toda la vida.

Pero será imposible que ignoren sus sentimientos la próxima vez que estén en el supermercado. Cada viaje al supermercado refuerza su nueva mentalidad.

Cuando aceptan que las personas pueden tomar decisiones rápidas, tendrán una mente más abierta a reducir sus tiempos de presentaciones.

FINALMENTE...

Nuestras capacidades, inteligencia, talentos y habilidades no son fijas. Podemos crecer desde donde estamos actualmente. Comprendemos la mentalidad de crecimiento.

Ahora tenemos más control sobre nuestras mentalidades. Tenemos las herramientas para ayudar a cambiar las mentalidades de otros.

¿Pero cómo haremos que otros aprendan las mismas habilidades?

1. Podemos hacer que lean este libro, asistan a nuestros entrenamientos, y desarrollen una mentalidad de crecimiento. Esto conseguirá resultados limitados.

2. Podemos poner a nuestro equipo en acción usando estas estrategias de mentalidad. Usar lo que aprendan les dará experiencia en el mundo real. Esto es mucho mejor.

Pero, ¿qué tal si hubiese una mejor manera de ayudar a los miembros de nuestro equipo a convertirse en expertos sobre mentalidad?

La hay.

La mejor manera de aprender cualquier habilidad a un alto nivel es enseñándola a otros.

Cuando los miembros de nuestro equipo le enseñan habilidades de mentalidad a otros, ahí es cuando la magia sucede.

Enseñar requiere de un entendimiento más profundo de la habilidad. Debemos de aprender cómo explicar y relacionar nuestro conocimiento con los otros.

Ayuda a que los demás se conviertan en maestros de mentalidad. Anímalos a enseñar lo que aprendieron.

AGRADECIMIENTO.

Gracias por adquirir y leer este libro. Esperamos que hayas encontrado algunas ideas que te servirán.

Antes de que te vayas, ¿estaría bien si te pedimos un pequeño favor? ¿Tomarías sólo un minuto para dejar una frase o dos como comentario en línea de este libro? Tu opinión puede ayudar a otros a elegir qué leer a continuación. Sería de gran ayuda para muchos otros lectores.

Viajo por el mundo más de 240 días al año.
Envíame un correo si quisieras que hiciera
un taller "en vivo" en tu área.

→ BigAlSeminars.com ←

¡OBSEQUIO GRATIS!

¡Descarga ya tu libro gratuito!

Perfecto para nuevos distribuidores. Perfecto para
distribuidores actuales que quieren aprender más.

→ BigAlBooks.com/freespanish ←

Otros geniales libros de Big Al están disponibles en:

→ BigAlBooks.com/spanish ←

MÁS LIBROS EN ESPAÑOL

BigAlBooks.com/Spanish

Guía para Conocer Personas Nuevas
¡Supera el Miedo y Conecta Ya!

¡Cómo Obtener y Conservar la Atención de Tu Prospecto!
Frases Mágicas para Redes de Mercadeo

Mini-Guiones para los Cuatro Colores de las Personalidades
Cómo Hablar con Nuestros Prospectos de Redes de Mercadeo

3 Hábitos Fáciles para Redes de Mercadeo
Automatiza Tu Éxito en MLM

Crea Influencia
10 Maneras de Impactar y Guiar a Otros

¿Por Qué Mis Metas No Funcionan?
Los Colores de las Personalidades para Redes de Mercadeo

¡Cómo Hacer que los Niños Digan SÍ!
Usando los Cuatro Colores de Lenguajes Secretos para Hacer que los Niños Escuchen

La Historia de Dos Minutos para Redes de Mercadeo
¡Crea una Grandiosa Historia Memorable!

Guía de Inicio Rápido para Redes de Mercadeo
Comienza RÁPIDO, ¡Sin Rechazos!

Pre-Cierres para Redes de Mercadeo
Decisiones de "Sí" Antes de la Presentación

Cierres para Redes de Mercadeo
Cómo Hacer que los Prospectos Crucen la Línea Final

Los Cuatro Colores de Las Personalidades para MLM
El Lenguaje Secreto para Redes de Mercadeo

Cómo Construir Tu Negocio de Redes de Mercadeo en 15 Minutos al Día

La Presentación de Un Minuto
Explica Tu Negocio de Redes de Mercadeo Como un Profesional

Ventas al por Menor para Redes de Mercadeo
Cómo Conseguir Nuevos Clientes para Tu Negocio en MLM

Motivación. Acción. Resultados.
Cómo Los Líderes En Redes De Mercadeo Mueven A Sus Equipos

51 Maneras Y Lugares Para Patrocinar Nuevos Distribuidores
Descubre Prospectos Calificados Para Tu Negocio De Redes De Mercadeo

Rompe El Hielo
Cómo Hacer Que Tus Prospectos Rueguen Por una Presentación

¡Cómo Obtener Seguridad, Confianza, Influencia Y Afinidad Al Instante!
13 Maneras De Crear Mentes Abiertas Hablándole A La Mente Subconsciente

Primeras Frases Para Redes De Mercadeo
Cómo Rápidamente Poner A Los Prospectos De Tu Lado

La Magia De Hablar En Público
Éxito Y Confianza En Los Primeros 20 Segundos

MLM de Big Al la Magia de Patrocinar
Cómo Construir un Equipo de Redes de Mercadeo Rápidamente

Cómo Prospectar, Vender Y Construir Tu Negocio De Redes De Mercadeo Con Historias

Cómo Construir LÍDERES En Redes De Mercadeo Volumen Uno
Creación Paso A Paso De Profesionales En MLM

Cómo Construir Líderes En Redes De Mercadeo Volumen Dos
Actividades Y Lecciones Para Líderes de MLM

Cómo Hacer Seguimiento Con Tus Prospectos Para Redes De Mercadeo
Convierte un "Ahora no" En un "¡Ahora mismo!"

Por Qué Necesitas Comenzar A Hacer Redes De Mercadeo
Cómo Eliminar El Riesgo Y Tener Una Vida Mejor

Cómo Construir Rápidamente tu Negocio de Nutrición en Redes de Mercadeo

COMENTARIO DEL TRADUCTOR

Ha sido un placer para mí traducir este libro para los lectores en español. *Secretos para Dominar Tu Mentalidad* nos ayuda a simplificar nuestro desarrollo personal. Me ofrecí para traducir este libro ya que las ideas aquí mostradas han funcionado tan bien para mí, que deseaba compartirlas con otros.

Estas estrategias y conceptos han demostrado funcionar para miles de personas dentro y fuera de redes de mercadeo. Aprende y aplica estas simples herramientas para dominar tu mentalidad y lograr ser la influencia positiva que buscas ser.

Así que deja atrás la frustración, el rechazo, el miedo, las dudas y la desesperación. Simplemente usa estas herramientas para que tu mentalidad cambie hacia la dirección que quieres en lugar de quedarse fija en el pasado.

Gracias por soltar viejos patrones de pensamiento y creer que hay una nueva manera de construir tu negocio de redes de mercadeo rápidamente, sólo aprende nuevas habilidades para construir un negocio estable, divertido y redituable de la manera correcta.

Deseo grandes cheques para ti y tus socios.

–Alejandro G.

SOBRE LOS AUTORES

Keith Schreiter tiene más de 20 años de experiencia en redes de mercadeo y multinivel. Keith le muestra a los empresarios de redes de mercadeo cómo usar sistemas simples para construir un negocio estable y en expansión.

¿Necesitas más prospectos? ¿Necesitas que tus prospectos se comprometan en lugar de estancarse? ¿Quieres saber cómo enganchar y mantener activo a tu grupo? Si éste es el tipo de habilidades que te gustaría dominar, te encantará su estilo de cómo hacerlo.

Keith imparte conferencias y entrenamientos en Estados Unidos, Canadá y Europa.

Tom "Big Al" Schreiter tiene más de 40 años de experiencia en redes de mercadeo y multinivel. Es el autor de la serie original de libros de entrenamiento "Big Al" a finales de la década de los 70s, continúa dando conferencias en más de 80 países sobre cómo usar las palabras exactas y frases para lograr que los prospectos abran su mente y digan "Sí."

Su pasión es la comercialización de ideas, campañas de comercialización y cómo hablar a la mente subconsciente con métodos prácticos y simplificados. Siempre está en busca de casos de estudio de campañas de comercialización exitosas para sacar valiosas y útiles lecciones.

Como autor de numerosos audios de entrenamiento, Tom es un orador favorito en convenciones de varias compañías y eventos regionales.

www.ingramcontent.com/pod-product-compliance
Lightning Source LLC
Chambersburg PA
CBHW071701210326
41597CB00017B/2282